고사성어 · 사자성어

크로스워드 퍼즐 1

팬더 컬렉션 / 엮음

圖書出版 明文堂

책머리에

<크로스워드 퍼즐>은 보통 우리 한글이나 영어와 같이 소리글자인 표음문자(表音文字)에서나 만들어지고 즐길 수 있다고 생각했다. 중국의 한자는 뜻글자인 표의문자(表意文字)로서 한 자 한 자가 독자적인 뜻을 지니고 있다. 그러므로 <크로스워드 퍼즐>을 만들기에는 상당한 어려움이 따를 수밖에 없었다.

그러나 지금 컴퓨터의 진화로 인해 수많은 단어나 숙어 고사성어, 사자성어(사자숙어)를 데이터베이스화해 놓을 수 있음으로 해서 그것이 가능하게 되었다.

사자성어는 사자숙어(四字熟語)를 말하는데, 오래도록 인구에 널리 회자되어 익숙해져 숙어화된 것을 이르는 말이다. 일반적으로 고사성어가 네 글자로 된 것들이 많아서 흔히 고사성어와 사자성어를 혼동해 쓰는 경우가 많다. 물론 네 글자로 된 고사성어는 사자성어라고 할 수 있다.

고사성어는 옛 이야기에서 유래된 말로, 여기에는 신화 · 전설 · 역사 · 고전 · 문학작품 등이 포함된다. 또한 교훈 · 경구 · 비유 · 상징어 및 관용구나 속담 등으로 사용되어 일상 언어생활에서의 표현을 풍부하게 해준다.

우리가 대화를 할 때나, 혹은 많은 사람들 앞에서 연설을 할 때 고사성어를 인용한다면 대화나 연설, 강연 등이 한층 품위가 있고 상대에게 전달되는 인상이 깊어질 수 있다.

이렇듯 우리의 언어나 문장의 표현에 품격을 더해주고 교훈을 주는 고사성어를 익히기 위해 단순히 암기를 한다는 것은 그 자체로서 또 하나의 공부라고 생각해서 싫증을 내기가 십상이다.

「고사성어를 퍼즐로 익힐 수 있다면」 하고 생각한 것이 바로 이 책 《고사성어 크로스워드 퍼즐》이다.

고사성어를 많이 알고 있다 하더라도 문제를 쉽게 풀 수 있다고는 생각지 않는다. 그래서 뒤에 해설을 곁들여 고사성어에 담겨진 재미있는 이야기들을 실었다.

독자들은 고사성어에 함유된 교훈이나 재치 있는 비유, 속담 등을 통해서 삶의 지혜를 터득함으로써 인문학적 소양을 풍부하게 함과 아울러 다른 이에게도 이야기로 들려줄 수 있다면 비로소 고사성어에 담겨진 교훈이 자신의 것이 될 수 있고, 나아가서는 문장에 인용할 수 있으며, 대화나 강연, 연설 등에 활용할 수 있을 것이다.

여기에 출제된 문제들은 상당히 까다로울 수 있다. 그러나 문제를 풀든 못 풀든 그것이 중요한 것이 아니다. 해설을 보고 다시 한 번 복습하면 한 문제를 풀고 났을 때 배우는 16~19개의 고사성어나 사자숙어를 한 틀로 묶어 머리에 기억시킬 수가 있을 것이다. 실로 놀라운 학습법이라 할 수 있을 것이다.

— 편집자

【일러두기】

1. 이 책은 국내 최초의 원색 도판(圖版) 고사성어 서적으로서, 최초의 고사성어 크로스워드퍼즐 책이다.
2. <크로스워드 퍼즐> 문제 아래쪽에 <보기>를 마련해 놓았다. 이것은 예를 들면 가인박명(佳人薄命)을 한글로는 알고 있고 한자로는 표현에 어려움이 있을 수 있음을 생각해서 여러 한자들 가운데 고를 수 있도록 했다. 한 글자를 중복 사용할 수 있다. <보기>의 배열은 가나다순이다.
3. 가운데 별색으로 된 고사성어는 이 문제를 만드는 시발점(starting point) 역할을 한다. 따라서 이 고사성어를 중심으로 상하좌우로 문제가 펼쳐지는 것이다.
4. 문제의 가로 세로 박스에 「｜—」로 붉은 선으로 표시한 것은 양쪽 글자나 위아래 글자와는 관계가 없음을 나타내는 표식이다.
5. <풀이>의 고사성어 곁에 파란색 글자로 간체자(杆體字)를 덧붙여 현재 중국인들이 사용하고 있는 간체자에 대한 이해를 도왔다.
6. <풀이>에 쓰인 약물기호는 아래와 같다.
   - 책명 : 《 》
   - 작품명 · 대화 · 인용구 · 강조 : 「 」

四字成語・故事成語

크로스워드 퍼즐

	1 일 一		백 百	계 戒			2 항 恒	하 河	
	즉 卽		3 무 無		4 반 伴		반 飯		
5 백 百		백 百	중 中		6 식 食		사 事	번 煩	
지 之			유 有	7 무 無	상 相	8 생 生	이 而	9 지 知	
장 長									
		10 초 楚		지 之		11 흑 黑		이 而	
	12 대 大		소 小	용 用		13 책 冊		퇴 退	물 物
		진 晉							
	14 이 利	용 用		생 生		15 사 事	반 半		배 倍

보기								
公	功	難	茶	發	罰	沙	床	生
少	藥	用	材	宰	之	觸	厚	

키워드

1가로 : 한 사람 또는 한 가지 죄에 대해 강한 벌을 내림으로써 주위 모든 사람에게 경각심을 불러일으킴.

1세로 : 한 번 건드리기만 해도 폭발할 것같이 몹시 위급한 상태.

2가로 : 항하(갠지스 강)의 모래라는 뜻으로, 무한히 많은 것. 또는 그런 수량을 비유적으로 이르는 말. 3자

2세로 : 차를 마시고 밥을 먹는 일이라는 뜻으로, 보통 있는 예사로운 일.

3세로 : 우주만물은 무(無)에서 생겨남. 억지로 사건을 만들어 말썽을 일으킴.

4세로 : 자리만 차지하고 있는 무능한 재상을 빗대어 이르는 말.

5가로 : 쏠 때마다 겨눈 곳에 다 맞음. 무슨 일이나 틀림없이 잘 들어맞음.

5세로 : 백 가지 약 중에 으뜸이라는 뜻으로, 술을 좋게 이르는 말.

6가로 : 먹는 것은 적고 일은 많다, 즉 몸을 돌보지 않고 바쁘게 일함.

7세로 : 쓸모가 없는 것의 쓰임새라는 뜻으로, 얼핏 봐서 아무 소용도 없을 것 같은 존재가 도리어 크게 쓸 곳이 있다는 의미.

8가로 : 배우지 않아도 나면서부터 앎. 곧 성인(聖人)을 이름.

9세로 : 물러날 때를 아는 것은 참으로 어렵다. 형세가 불리한 것을 알면 마땅히 물러서야 한다는 뜻.

10세로 : 초나라의 인재를 진(晉)나라에서 쓴다는 뜻으로, 같은 무리 안에서는 그 진가를 알아주지 못하고 남이 그것을 이용함을 이르는 말.

11세로 : 관리 임명 대장이 먹칠 범벅이 되도록 그 부문 사무가 어지럽다는 뜻으로, 벼슬아치의 임명과 파면이 매우 문란함을 비유적으로 이르는 말.

12가로 : 큰 재목(材木)이 작게 쓰이고 있다는 뜻으로, 사람을 부리는 데 있어서 제 능력을 다 발휘할 수 있는 조건이 안됨.

13가로 : 책상머리에서 글만 읽어 세상일을 잘 모르는 사람을 낮잡아 이르는 말.

14가로 : 기구를 편리하게 쓰고 먹을 것과 입을 것을 넉넉하게 하여, 국민의 생활을 나아지게 함.

15가로 : 들인 노력은 적고 얻은 성과는 큼.

풀이

有無相生 (유무상생)

有无相生　　있을 有 없을 無 서로 相 날 生

「있고 없음은 서로 상대하기 때문에 생겨난 것」이란 뜻으로, 세상만물의 이치를 상대적인 관점에서 볼 것을 이르는 말이다.

이와 비슷한 말에, 「유무상통(有無相通)」이라는 것이 있지만, 이 두 말은 서로 관계가 없을 뿐만 아니라, 또한 의미도 다르다. 「유무상통」은 《사기》에서 나온 말로서, 그 의미는 서로 있는 것과 없는 것을 교환하며, 유통해 주고받는 것을 말한다.

《노자》 제2장에 있는 말이다. 또한 「유생어무(有生於無 : 유는 무에서 생긴다)」라는 같은 의미의 말이 제40장에 보인다.

제2장에는, 「천하가 아름답다고 생각하는 데서 추함이란 관념이 나오고 선(善)을 좋다고 생각하는 데서 악(惡)의 관념이 생긴다. 있고 없는 것은 서로 상대하기 때문에 생기고(有無相生), 어렵고 쉬운 것은 서로를 보완해 주며, 길고 짧은 것은 서로를 분명하게 드러나게 해준다……(天下皆知 美之爲美 斯惡已 皆知善之爲善 斯不善已 故有無相生 難易相成 長短相較……)」라고 있다.

	一	罰	百	戒			恒	河	沙
	觸						茶		
	卽		無		件		飯		
百	發	百	中		食	少	事	煩	
藥			生		宰				
之			有	無	相	生	而	知	之
長				用				難	
		楚		之		黑		而	
	大	材	小	用		册	床	退	物
		晉				公			
	利	用	厚	生		事	半	功	倍

<해 답>

있다는 것은 없다는 것을 전제로 했을 때에만 드러나는 것이다. 이 말은 모든 세상 사물과 자연의 이치가 상대적인 비교에서만 파악할 수 있다는 것으로 불교의 「색즉시공 공즉시색(色卽是空空卽是色)」이라는 말과도 통한다.

노자기우도(老子騎牛圖, 明 장로)

이 세상은 모두 관계로 인하여 존재한다. 존재는 모두 상대적이며, 모든 가치도 또한 상대적이라는 것을 말한 것이다. 이러한 사고방식은 노자의 인식론의 기본을 이루고 있으며, 또한 우주 구성의 원리이기도 하다.

상식의 세계에 있어서 無라는 존재는 없다. 존재하는 것은 有이다. 그러나 노자 식으로 말한다면 無 없이 有는 존재할 수 없다. 無와 有의 이 관계를 방과 창은, 공간 즉 無가 있음으로 해서 방이라든가 창으로서 존재한다는 비유로 나타낸다.

일벌백계 一罰百戒

一罰百戒　　한 一 벌줄 罰 일백 百 경계할 戒

한 사람을 벌줌으로써 만인에게 경계가 되도록 한다는 뜻.

춘추전국시대 오(吳)나라의 제24대 왕 합려(闔閭)는 손무(孫武)의 《손자병법(孫子兵法)》을 읽고 나서 아낌없는 찬사를 보냈다. 그래서 합려는 손무에게 한번 시범을 보여 달라고 요청하였다. 손자는 궁녀 180명을 모아

놓고 두 편으로 나누었으며, 궁녀들 가운데 합려가 가장 총애하는 두 명을 각각 대장에 임명하였다.

손무는 군령을 펴고 형벌용 부월(斧鉞)을 준비한 뒤 세 번 군령을 내리고 다섯 번 거듭 말했다. 그리고 북을 치며 구령을 내렸다.

「우로!」

그러자 부인들은 크게 웃었다. 손무가 말했다.

「군령이 명료하지 못하고 구령이 철저하지 못한 것은 장군 된 자의 죄이다」

그는 다시 세 번 군령을 내리고 다섯 번 이를 설명했다. 그리고 북을 치면서 구령을 내렸다.

「좌로!」

그러자 부인들은 또 크게 웃었다. 손무가 말했다.

「군령이 명료하지 못하고 구령이 철저하지 못한 것은 장군 된 자의 죄이다. 그러나 군령이 이미 명료한데도 규정대로 되지 않는 것은 대장(隊長)의 죄이다」

그리고는 좌우 두 사람의 대장을 참하려고 했다. 오왕은 대(臺) 위에서 보고 있다가, 손무가 당장에 자기의 총회를 참하려 들자 놀라서 즉시 전령을 보내 뜻을 전했다.

「나는 장군이 용병에 뛰어난 사람임을 벌써 알았소. 나에게는 이 두 부인이 없으면 무엇을 먹어도 맛있을 것 같지가 않구려. 참하는 것만은 참아 주시오」

그러나 손무는 단호하게 말했다.

「신은 이미 명령을 받은 장군입니다. 장군 된 자는 진중(陣中)에 있는 한 군명(君命)이라 할지라도 듣지 않는 수가 있습니다」

마침내 두 명의 대장을 베어 모두에게 본보기로 보인(一罰百戒) 다음, 임금이 그 다음으로 사랑하는 두 부인을 세워 대장을 삼았다. 그리고 또 북을 치자, 부인들은 왼쪽이건 오른쪽이건, 앞이건 뒤건, 꿇어앉는 것이건 서는 것이건 모두 규정된 법대로 하였고, 목소리 하나 들리지 않았다. 그러자 손무는 전령을 시켜 왕에게 보고했다.

손 무

「이미 군사의 훈련은 끝났습니다. 왕께서는 시험 삼아 대(臺) 아래로 내려와 보십시오. 왕께서 보내고 싶다고 생각만 하신다면 그곳이 비록 물속이건 불 속이건 따르지 않는 자가 없을 것입니다」

이것으로 합려는 손무를 장군에 기용했다. 오나라가 서쪽으로는 초(楚)나라를 꺾고 북으로는 제나라, 진(晉)나라를 위협하여 명성을 제후 사이에 떨치는 데 손무의 힘이 컸다. 「일벌백계」는 한편으로는 이것이 능력 없는 지휘자에게는 자칫 무리하게 이용되는 수도 있다.

일촉즉발 一觸卽發

一触即发 한 一 닿을 觸 곧 卽 쏠 發

한 번 닿기만 하여도 곧 폭발(爆發)한다는 뜻으로, 조그만 자극(刺戟)에도 큰 일이 벌어질 것 같은 아슬아슬한 상태(狀態)를 이르는 말.

항하사
恒河沙 恒河沙 항상 恒 강 河 모래 沙

항하의 모래라는 뜻으로, 셀 수 없이 많음을 의미하는 불교용어. 항하사수(恒河沙數)라고도 한다.

항하(恒河)는 인도의 갠지스 강을 말한다. 여러 경전에서 셀 수 없이 많다는 것에 비유할 때 쓰인다.

《지도론(智度論)》에는, 「항하사는 부처가 나신 곳이고, 유행(遊行)하는 곳이며, 제자가 나타난 곳이다」라고 하였다.

또 「항하는 복덕이 있는 강으로, 이곳에 몸을 씻으면 죄와 허물이 모두 없어진다」라고 기록하였다. 이런 까닭에 많은 사람들이 「항하」를 공경하게 되었다.

또 《아함경(阿含經)》에는 항하가 아욕달지 동쪽에 있다고 하고 우구(牛口)에서 나와 500개의 하수를 거두고 동해로 들어간 뒤 사자구(師子口)에서 나와 500하천을 따라 남해로 흘러간다고 하였다.

항다반사
恒茶飯事 恒茶饭事 항상 恒 차 茶 밥 飯 일 事

차를 마시거나 밥을 먹는 일이란 뜻으로, 일상사, 자주 있는 일을 말한다.

옛날에 차를 마시거나 밥을 먹는 일은 언제나의 일이기 때문에 이런 말이 나온 것이다. 보통 「다반사(茶飯事)」라고 한다.

원래 동양에서 차는 일상생활에 있어서 중요한 의미를 가진다. 설이면 일가친척이 모여 차례(茶禮)를 지냈고, 차를 마시며 담소를 하고 정신적 깊이도 운위했다 해서 다도(茶道)가 있었다.

불가(佛家)에서는 다선일여(茶禪一如)라 해서 차를 마시는 가운데서 선(禪)의 경지를 되새겨 보기도 했다. 조선 후기의 스님인 초의(艸衣)는 《다신전(茶神傳)》이라는 책을 집필해 차의 신비한 맛과 운치를 자랑한 바도 있다.

조주선사와 내방객의 이야기를 기록한 《조주어록》에 있는 이야기다. 조주선사(趙州禪師)는 차를 즐겨 마셨다. 절을 찾는 사람이면 누구에게나 차를 대접했다. 어느 날 한 사람이 절을 방문하자 스님이 물었다.

「당신은 여기 몇 번째 오셨습니까?」

「처음입니다」

「그래요? 차나 한잔 드십시오(喫茶去)」

얼마 뒤 또 한 사람이 왔다.

「당신은 여기 몇 번째 오셨습니까?」

「여러번 왔지요」

「그래요? 차나 한잔 드십시오」

그러자 곁에서 차 시중을 들던 시봉이 의아해 하며 물었다.

「아니 스님, 스님께서는 처음 온 사람이나 여러 번 온 사람이나 모두 『차나 한잔 드십시오』 하고 권하시니 무슨 까닭이십니까?」

이 말을 들은 조주가 말했다.

「아, 내가 그랬나? 그럼 자네도 차나 한잔 들게나」

이 이야기는 불가(佛家)에서 전해오는 공안(公案) 가운데 하나로 유명하다. 그만큼 차를 마시는 일은 옛사람들과 밀접한 일상사였던 것이다.

무 중 생 유

無中生有

无中生有 없을 無 가운데 中 날 生 있을 有

노자《도덕경》에 있는 말이다.

「천하의 모든 존재는 유(有)에서 나오지만 그 유(有)는 결국 무(無)에서 나오는 것이다(天下萬物生於有 有生於無)」

세상에 존재하는 모든 사물은 결국 「없음」에서 시작되었다는 것이다. 있음의 유(有)는 없음인 무(無)가 있을 때 성립되는 개념이다. 유는 무 없이 홀로 존재할 수 없다는 것이다. 무중생유의 계책은 세상의 사물은 모두 변화 발전한다는 전제에서 시작된다.

밤이 지나면 아침이 오고, 겨울이 가면 반드시 따뜻한 봄이 온다는 자연의 변화 속에서 유(有)와 무(無)의 상생을 본 것이다. 이 「무중생유」는 전국시대 말기 때 위료자(尉繚子)에 의해 병법에 응용하기 시작했다.

이 「무중생유」를 전술에 유용하게 사용한 역사적 예가 있다.

장순 사당

당(唐)나라 때(755년) 안녹산(安祿山)이 난을 일으켜 많은 지방관리들을 투항시켰다. 그런데 장순(張巡)만은 당나라에 충성을 다하여 투항하지 않고 3천 명의 병력으로 성을 굳게 지키고 있었다. 이때 안녹산은 4만의 군대를 보내 성을 포위하였고 성안에 군대는 화살이 떨어져 더 이상 싸울 수 없게 되었다.

그야말로 무(無)의 상황이 된 것이다. 더 이상 무기든 병력이든 어떤 것도 없었던 장순은 삼국시대에 제갈량이 섶을 씌운 배를 보내 적의 화살을 얻었듯이 풀로 엮어 만든 거짓 병사들에게 검은 옷을 걸쳐 야간에 성벽을 타고 내려가는 것처럼 꾸몄다. 적군은 성안의 군사들이 야간 공격을 해온다고 생각하여 화살을 소나기처럼 퍼부었고 장순은 쉽게 적의 화살 수십만 개를 얻을 수 있었다.

이튿날 적은 자신들이 속았다고 분노하였고 그 날 밤 장순은 정예부대 5백 명을 다시 내려 보내 안심하고 있는 적의 진영을 습격하였다. 그리고 적의 혼란한 틈을 타서 성안의 병사들을 이끌고 총 공격을 하여 승리하였다. 무에서 유를 창조한 「무중생유」의 전술이 먹혀 들어간 것이었다.

伴食宰相 (반식재상)

伴食宰相 의지할 伴 먹을 食 우두머리 宰 서로 相

무위도식으로 자리만 차지하고 있는 무능한 재상을 빗대어 이르는 말.

《당서(唐書)》 노회신전(盧懷愼傳)에 있는 이야기다

당나라 현종(玄宗)은 즉위한 이듬해(713년) 연호를 개원(開元)이라고 고치고 태평공주 일파의 음모를 제거하자, 다음 개원 2년에는 백관의 주옥금수(珠玉錦繡)를 궁전 안마당에 쌓아 놓고 불을 질렀으며, 백관에서 궁녀에 이르기까지 각각 그 직분에 걸맞은 의복을 규정하고 사치에 흐르는 것을 경계했다.

국가의 치란흥망(治亂興亡)의 자취를 더듬어 보면, 군주의 사치와 후궁의 문란이 쇠망의 지름길이라는 것을 통감한 현종의 정치에 대한 굳은 결의가 엿보인다. 그 결의로서 현종은 현상(賢相)을 잘 쓰고 나아가서는 그

간언을 들어 정사에 정려했고, 또한 문학과 예술을 장려해서 「개원(開元)의 치(治)」라는 당나라의 최성기를 이루었다.

현종과 양귀비

현종을 도와 「개원의 치(治)」의 기초를 닦은 재상은 요숭(姚崇)이었다. 현종이 주옥금수를 불태워 사치를 훈계한 것도, 또 형벌을 바로잡고 부역과 조세를 감해서 민중의 부담을 가볍게 하는 한편 병농일치(兵農一致)의 개병(皆兵)제도를 고쳐 모병(募兵)제도로 한 것도 다 이 요숭의 건의에 의한 것이었다.

요숭은 백성을 위해서 꾀하는 것이 나라를 번영시키는 길이라는 원칙을 일관시키는 데 힘쓰고, 적어도 사사(私事)를 위해서는 감정을 겉으로 나타내는 법이 없었으며, 정치의 재결이 신속 정확한 것에 있어서는 그 어떤 재상도 미치는 자가 없었다고 한다. 그 일례로서「반식재상」이라는 말이 생겼다.

언젠가 요숭은 일이 생겨 정무를 볼 수가 없어 황문감(黃門監)인 노회신이 대신 일을 보게 되었다. 노회신은 청렴결백하고 신변을 꾸미는 일이 없이 정무에 노력하는 사람으로서 요숭의 마음에 드는 국상(國相)이었으나, 요숭의 직무를 대행한 10여 년 동안 아무리 노력을 해도 요숭처럼 재결해 갈 수가 없어 정무를 크게 지체시켰다.

노회신은 자기가 요숭에게 미치지 못함을 피부로 느껴 알고, 그 후부터는 만사에 요숭을 추천하며 사사건건 요숭과 상의하게 되었다. 그 때문에 당시 사람들은 노회신을 상반대신(相伴大臣)이란 뜻으로 「반식재상」이라 불렀다. 이 말은 무능한 대신을 혹평하는 말로서 지금도 쓰이고 있으나, 당시의 사람들 마음으로서는 노회신을 냉소한다기보다 요숭에 대한 경의(敬意)에서 시작한 것이었다.

요숭 다음에는 송경(宋璟), 한휴(韓休) 등 현상(賢相)이 계속하여 「개원의 치」를 발전시켰으나, 현종은 이 치세 후반에 총희인 무혜비(武惠妃)를 잃고 양귀비를 얻음으로써 정무에 권태를 느끼기 시작한다. 직언하는 자를 물리치고 간신들의 감언을 좋아하며 주색에 빠졌는데, 정무를 후궁의 환락으로 바꾸어 나라를 쇠망으로 이끈 종래의 군주와 같은 길을 걸었다.

요 숭

百發百中 (백발백중)

百发百中 일백 百 쏠 發 맞을 中

총·활 같은 것이 겨눈 곳에 꼭꼭 맞음. 앞서 생각한 일들이 꼭꼭 들어맞음. 백 번 쏘아 백 번 맞히는 것이 「백발백중」이다. 또 모든 일이 계산대로 다 맞아 들어가는 것을 가리켜 백발백중이라 한다. 이 말은 신전(神箭)이란 별명을 듣고 있던 양유기(養由基)의 고사에서 나온 말이다. 《사기》 주기(周紀)에 이런 기록이 있다.

「초나라에 양유기라는 사람이 있었는데, 활을 잘 쏘는 사람이었다. 버드나무 잎을 백 보 떨어진 곳에서 쏘면 백 번 쏘아 백번 맞혔다……」

다른 기록에 보면, 양유기는 활을 잘 쏠 뿐만 아니라 막기도 또한 잘했으며, 힘도 또한 세어 화살이 소리보다 먼저 갔다고 한다.

백발백중 양유기

투월초(鬪越椒)란 초나라 재상이 반란을 일으켰을 때 일이다. 외국으로 초장왕(楚莊王)이 출정나간 틈을 타서 반란을 일으킨 투월초는 장왕이 돌아오는 길을 막았다.

이리하여 양쪽은 강을 끼고 대처하게 되었다. 관군이 가장 무서워하는 것은 투월초의 뛰어난 활솜씨였다. 이때 양유기는 이름 없는 하급 장교였다. 투월초가 강 저쪽에서 활을 높이 들고, 나를 대항할 놈이 누구냐고 외쳤을 때 양유기가 나타났다.

양유기는, 많은 군사를 괴롭히지 말고 단 둘이서 활로 승부를 짓자고 제안했다. 투월초는 약간 겁이 났다. 그러나 먼저 큰소리를 친 끝이라 거절을 못하고, 각각 세 번씩 활을 쏘아 승부를 결정하는데, 자기가 먼저 쏘겠다고 했다.

먼저 쏘아 죽여 버리면 제아무리 명사수라도 무슨 소용이 있겠느냐는 생각에서였다. 그래서 먼저 투월초가 양유기를 향해 활을 쏘았다. 양유기는 처음은 활로써 오는 화살을 쳐서 떨어뜨리고, 두 번째는 몸을 옆으로 기울여 화살을 피했다. 투월초는 당황해서,

「대장부가 몸을 피하다니, 비겁하지 않으냐」 하고 억지를 부렸다. 그러자 양유기는, 「좋습니다. 그럼 이번은 몸을 피하지 않겠소」 하고 오는 화살 끝을 두 이빨로 물어 보였다. 그리고는 투월초에게 큰 소리로 외쳤다.

「세 번으로 약속이 되어 있지만, 나는 단 한 번만으로 승부를 결정하겠소」 하고 먼저 빈 줄을 튕겨 소리를 보냈다. 투월초는 줄이 우는 소리에 화살이 오는 줄 알고 몸을 옆으로 기울였다. 그 순간 기울이고 있는 그의 머리를 향해 총알보다 빠른 화살을 쏘아 보냈다. 이리하여 투월초는 죽고 반란은 싱겁게 끝나고 말았다.

백 약 지 장
百藥之長 百药之长 일백 百 약 藥 의 之 으뜸 長

「술은 백 가지 약 중에 으뜸가는 것이다」 라는 뜻으로, 술을 찬미하는 말이다. 《한서》 식화지(食貨志)에 있는 말이다.

전한과 후한 사이에 15년 동안의 명맥을 지니고 있던 나라가 신(新)이란 나라며 황제는 왕망(王莽)이다. 이 왕망이 소금(鹽)과 술(酒)과 쇠(鐵)를 정부의 전매품으로 정하고, 이 사실을 천하에 공포한 조서 가운데, 「술은 백약의 어른이다」 라는 말이 들어 있다. 조서에는 이렇게 나와 있다.

「대저 소금은 먹는 반찬 가운데 장수요, 술은 백 가지 약 중에 어른으로 모임을 좋게 하며, 쇠는 밭갈이하는 농사의 근본이다(夫鹽 飮肴之將 酒百藥之長 嘉會之好 鐵田農之本)」

이렇듯 술은 사람의 일상생활에 잠시도 없어서는 안 될 물건 속에 술을 넣어두고 이를 예찬하고 있다. 술꾼에게는 가장 비위에 당기는 문자다. 사실 또 이 말은 술꾼들이 즐겨 쓰는 말이기도 하다.

술이 약으로 쓰이지 않는 것은 아니다. 또 약을 조제하는 데 술이 없어서는 안 되는 경우도 있다. 그러나 여기에 말한 백 가지 약 중의 어른이란 뜻은 사람의 기분을 상쾌하게 만들고 근심을 잊게 하고, 용기를 나게 하는 그런 특효를 가진 약이란 뜻일 것이다.

같은 식화지에는 다른 조서 가운데, 「술은 하늘의 아름다운 녹(酒者天之美祿)이다……」 라고 해서 술을 「천지미록(天之美祿)」이라 했다.

식소사번
食少事煩 食少事煩 먹을 食 적을 少 일 事 번거로울 煩

자신의 몸은 돌보지 않고 일에 몰두함을 비유하여 이르는 말.

흔히 생기는 것도 없이 분주하게 뛰어다녀야만 하는 직업이나 생활을 가리켜 가벼운 뜻으로 하는 말이다. 그러나 이 말은 남을 두고 하면 실례가 되고 자신을 두고 말하면 불길한 뜻이 되는 말이다. 하지만 말이란 반드시 유래를 알고 하는 것이 아니므로 쓰이는 그대로 알면 그만이다.

《진서(晉書)》 선제기(宣帝紀)에 있는 이야기로, 사마의(司馬懿)가 제갈량을 두고 한 말이다.

제갈량이 두 번째 「출사표(出師表)」를 내고 비장한 각오로 힘겨운 위(魏)나라 공략을 시작했을 때의 이야기다. 제갈량은 사마의를 끌어내어 빨리 승패를 결정지으려 했으나, 사마의는 지구전으로 제갈량이 지칠 때만을 기다리고 있었다.

이렇게 서로 대치해 있는 가운데 사자들은 자주 오고 갔다. 그러던 중 사마의가 제갈량이 보낸 사자에게 물었다.

「공명은 하루 식사를 어떻게 하며, 일 처리를 어떻게 하시오?」

그러자 사자는 음식은 아주 적게 들고, 일은 새벽부터 밤중까지 손수 처리한다고 했다. 그러자 사마의는, 「먹는 것은 적고 일은 번거로우니(食少事煩) 어떻게 오래 지탱할 수 있겠소」 하고 말했다. 사자가 돌아오자 제갈량은, 「사마의가 무슨 말을 하던가?」 하고 물었다. 사자가 들은 그대로 전하자 제갈량도, 「중달(仲達)의 말이 맞다. 나는 아무래도 오래 살 것 같지가 않다」 고 말했다는 것이다.

제갈량

그리하여 결국 그 길로 병이 들어 세상을 떠났으니, 「식소사번」 이 그 자체의 뜻이나 유래가 다 좋은 말은 못되는 것 같다.

무용지용
無用之用 无用之用 없을 無 쓸 用 의 之

쓸모없는 것의 쓸모. 언뜻 쓸모없는 것으로 간주되고 있는 것이 오히려 큰 구실을 함.

「무용지물(無用之物)」 이란 말이 있다. 아무 짝에도 쓸모없는 물건을 말한다. 그런데 아무 쓸모없는 것처럼 보이는 것이 실제로는 쓸모 있는 것이 되는 것이 「무용지용」 이다. 세속 사람들이 생각하고 있는 그 반대편에 항상 진리가 있다고 주장하는 도가(道家)의 생각에서 나온 말이다.

장 자

대체 유용(有用)—소용이 된다는 것은 중요한 일임에는 틀림이 없다. 그러나 천박한 인간의 지혜로 요량하는 유용은 진정한 유용인지 어쩐지 모른다. 더 한층 높은 「도(道)」의 입장에서 보면, 범속(凡俗)한 인간들이 말하는 유용이란 아무런 쓸모도 없는 잔꾀, 아니 어리석음에 지나지 않고, 무용으로 보이는 것에 도리어 대용(大用)—참다운 용이 있다고도 말할 수 있지 않은가, 하고 철학자 장자는 무용의 용을 강조하고 있다. 그런 의미에서 장자의 책 중에는 「무용지용」을 많이 쓰고 있는데, 그 가장 대표적인 예의 하나로 《장자》 인간세편(人間世篇)에 이런 말이 씌어 있다.

「산의 나무는 제 스스로를 해치고 있다. 기름불의 기름은 제 스스로 태우고 있다. 계피는 먹을 수 있는 것이기 때문에 사람들이 그 나무를 베게 된다. 옻은 칠로 쓰기 때문에 사람들이 칼로 쪼갠다. 사람은 모두 쓸모 있는 것의 쓸모만을 알고, 쓸모없는 것의 쓸모를 알지 못한다(人皆知有用之用 而莫知無用之用也)」

이것은 공자가 초나라에 갔을 때, 초나라 은자 광접여(狂接輿)가 공자가 묵고 있는 집 문 앞에서 한 말로 되어 있는 마지막 부분이다.

즉 산의 나무는, 그것이 인간의 소용에 닿기 때문에 결국 사람의 손에 의해 베여지게 되고, 등잔불의 기름으로 쓰이는 기름은 그것이 불을 켜면

환하게 밝아지는 기능 때문에 자신이 뜨거운 불에 타게 된다. 계피는 맛이 좋기 때문에 베임을 당하고, 옻나무는 옻칠을 하는 데 쓰이기 때문에 가지를 찢기고 살을 찢기게 된다. 사람은 모두 이렇게 쓸모 있는 것의 용도만을 알고 있을 뿐, 쓸모없는 것의 용도란 것을 모르고 있다는 것이다.

혜 자

외물편(外物篇)에는 또 이런 이야기가 실려 있다. 혜자(惠子)가 장자에게 말했다.

「당신의 말은 아무 데도 소용이 닿지 않는 것뿐이다」

그러자 장자는 말했다.

「쓸모가 없는 것을 아는 사람이라야 무엇이 참으로 쓸모가 있는 것인지를 말할 수 있다. 땅이 넓지만 사람이 서는 데는 발을 둘 곳만 있으면 된다. 하지만 발을 둘 곳만을 남기고 그 주위를 깊숙이 파 버린다면 사람이 서 있을 수 있겠는가?」

「서 있을 수 없다」

「그렇다면 쓸모없는 것이 쓸모 있는 것이 되는 것 또한 알 수 있지 않는가」

장자는 이 이야기에 계속해서, 무위자연(無爲自然)의 도에 살아야 한다는 것을 말하고 있다. 잘나고 못나고, 쓸모가 있고 없고 하는 것을 초월

해야만 하늘(自然)을 온전히 할 수 있다고 말한다. 그러므로 「무용의 용」은 유용에 사로잡힌 세속 사람들에 대한 훈계의 말인 동시에 무위자연을 설명하기 위한 한 단계인 것이다.

生而知之 생이지지 　生而知之　　날 생 말이을 而 알 知 이 之

학문(學問)을 닦지 않아도 태어나면서부터 안다는 뜻으로, 생지(生知)하는 성인(聖人)을 이르는 말.

《논어》 술이편에 있는 말이다.

공자가 이르기를, 「나면서부터 아는 사람이 상급이고, 배워서 아는 사람이 그 다음이고, 곤경에 처해서 배우는 사람은 또 그 다음이며, 곤경에 처해도 배우지 않으면 사람이 하급이 된다(生而知之者上也 學而知之者次也 困而學之又其次也 困而不學 民斯爲下矣)」라고 했다.

공자성적도 태묘문례도(太廟問禮圖, 국립중앙박물관)

공자가 노나라에서 벼슬한 때 태묘(太廟)에 들러 제사 지내는 절차를 자세히 묻자, 사람들이 공자는 예를 안다고 하더니 매사를 묻는다고 흉을 보았다. 그러자 공자는 이렇게 말했다.

「성인이 생이지지(生而知之)함은 의리를 밝게 하는 것이지, 그 외의 일은 모두 배워서 아는 것이다」

《중용(中庸)》에 성인(聖人)은 나면서부터 알고(生而知之), 대현(大賢)은 배워서 알고(學而知之), 보통사람은 애를 써서 안다(困而知之)고 했다. 이른바 「삼지(三知)」다.

공자는 성인이라는데, 그러면 공자는 나면서부터 아는 생이지지자인가? 하지만 공자는 《논어》 술이 편에서 「나는 태어날 때부터 아는 자가 아니다. 옛것을 좋아해서 힘써 알기를 추구한 사람이다(我非生而知之者 好古敏以求之者)」라고 했다.

지 난 이 퇴
知難而退 知难而退 알 知 어려울 難 말이을 而 물러날 退

형세가 불리함을 알고 물러섬.

《춘추좌전(春秋左傳)》 선공(宣公) 12년에 있는 이야기다.

순임보

춘추전국시대 진(晉)나라와 초(楚)나라가 패권을 다투고 있던 때, 두 나라의 틈바구니에 있던 정(鄭)나라는 약소국으로, 늘 두 나라로부터 압력을 받고 있었다.

BC 597년 여름, 초(楚) 장왕(莊王)은 구실을 만들어 친히 군대를 이끌고 진(晉)나라와 우호관계에 있던 정나라를 향해 진격하였다. 정나라는 결사 항전하였으나 역부족이었다. 그러자 진나라의 장군 순임보(荀林父)

가 대군을 이끌고 정나라를 도우려고 가는데 황하 근처에 이르렀을 때, 이미 정나라가 초나라에 항복하였으며 초나라 군대는 물러갔다는 소식을 들었다.

초장왕

순임보는 장수들과 대책을 논의하였는데, 초나라를 추격하자는 주장과 추격하지 말아야 한다는 주장이 분분하였다.

특히 장수 사회(士會)는 철군에 동의하며 전세(戰勢)를 이렇게 분석하였다.

「군사를 씀에는 틈을 보아 출동시키라고 하였습니다. 초나라의 우익군은 대장이 탄 전차를 끄는 말의 방향에 따라 진격하고, 좌익군은 풀을 모아 숙위(宿衛)할 준비를 하며, 띠(茅)로 깃발을 삼은 전군(前軍)은 적의 복병을 없애기 위해 진군하고, 중군은 싸움의 계략을 꾸미며, 후군은 정예부대로 후미를 단단히 지키고 있습니다. 사정이 좋음을 보고 진격하고, 어렵다는 것을 알고는 물러난다는 것은 용병의 바른 원칙이며(見可而進 知難而退 軍之善政也), 약한 자를 쳐서 빼앗고, 어지러운 자를 공격한다는 것은 전쟁의 좋은 원칙이니 장군께서는 잠시 우리 군사를 정비하여 무력의 충실을 꾀하는 것이 어떻겠습니까?」

초재진용
楚材晉用　楚材晋用　초나라 楚 재목 材 진나라 晋 쓸 用

초나라 목재를 진나라 사람들이 사용한다는 뜻으로, 자기 나라 인재를 다른 나라에서 이용함을 이르는 말.

《춘추좌씨전(春秋左氏傳)》 양공 26년에 있는 이야기다.

춘추시대에 초(楚)나라는 남쪽의 강대국이었고 진(晉)나라는 서쪽의 강대국이었다. BC 547년, 채(蔡)나라의 성자(聲子)라는 인물이 두 나라 사이의 분쟁을 조정하기 위해 진나라에 머물다 초나라로 왔다.

초나라의 영윤(令尹 : 재상) 자목이 성자를 맞아 진나라의 정세를 탐문하면서 초와 진 가운데 어느 나라 인재의 역량이 뛰어난지 물었다. 성자는 이렇게 답했다.

「초의 좋은 목재와 가죽을 진에서 쓰듯, 초에 인재가 있으나 실제로 그들을 쓰는 건 진입니다(雖楚有材 晉實用之)」

자목이 다시 물었다.

「그들은 혈연도 따지지 않습니까?」

그러자 성자는 이렇게 대답했다.

「물론 혈연을 따지지 않는 것은 아니지만, 초의 인재를 현실적으로 많이 씁니다. 정치를 잘하는 사람은 상벌을 남용하지 않습니다. 포상을 남발하면 나쁜 자도 상을 받고, 형벌을 남용하면 좋은 이도 벌 받을 우려가 있기 때문입니다. 차라리 포상이 지나친 게 낫습니다. 좋은 사람을 놓치지 않는 게 더 중요하기 때문입니다. 나라에 좋은 사람이 없으면 나라도 망합니다」

자목은 이어 초나라의 잘못된 상벌과 부패 때문에 초나라에서 진나라로 망명한 뒤 진나라의 참모가 되어 초나라와 싸움에서 큰 공을 세운 인재들의 사례를 상세히 설명했다.

黑册公事 흑책공사

黑册公事　　검을 黑 책 册 공평할 公 일 事

벼슬아치들이 정목을 제 멋대로 고치고 지우고 하여 협잡을 일삼던 일의 일컬음. 고려(高麗) 충숙왕(忠肅王) 때 정방정치(政房政治) 과정에서 나온 말.

大材小用 대재소용

大材小用　　큰 大 재목 材 작을 小 쓸 用

육유 조상(彫像)

큰 재목(材木)이 작게 쓰이고 있다는 뜻으로, 사람을 부리는 데 있어서 제 능력을 다 발휘할 수 있는 조건이 안됨. 역설적으로 큰 재목은 큰일에 쓰여야 한다는 말이다.

남송(南宋)의 시인 육유(陸游)의 시에서 비롯된 말이다.

남송시대의 시인이자 정치가인 신기질(辛棄疾)은 본래 금(金)의 지배하에 있던 산동성 출신이었다. 그는 일찍이 경경(耿京)이 금나라에 대항하는 의용병을 일으키자 그에 가담하여 싸우다가 효종(孝宗) 때 인정을 받아 송을 섬기게 되었다.

그 후 호북, 호남, 강서(江西) 등 남송 각지의 안무사(按撫使)를 역임하며 금나라에 대항할 것을 주장하고, 상무의 시문을 지어 영토회복과 국가의 통일을 외쳤다. 그러나 이러한 그의 태도는 화평파의 미움을 초래하여 40대 초반에 탄핵을 받고 면직되었다.

낙향한 신기질은 가헌(稼軒)이라는 초당을 짓고, 당대의 애국시인(愛國詩人) 육유(陸游)와 교류하며 금나라 토벌의 꿈을 키워갔다.

신기질 동상

그 후 당시의 총신(寵臣) 한탁주(韓侂胄)가 자신의 정권을 유지하기 위해 명망이 있는 신기질을 절동(浙東) 안무사로 기용하였다. 그의 나이 60을 넘어선 때였다. 그리고 이듬해에는 영종(寧宗)이 그를 수도 임안(臨安)으로 불렀다. 금나라 토벌에 관한 이야기를 듣고 싶다는 것이었다.

가슴이 뛴 그는 이 사실을 육유에게 알렸고, 이때 이미 육유는 80세의 고령으로 소흥에 살고 있었다. 육유는 그를 격려하며 시 한 수를 지어 주었는데, 그 중에 「대재소용은 예부터 탄식하는 바(大材小用古所嘆)」라는 구절이 있다.

임안으로 간 신기질은 북벌에 대한 의견을 적극적으로 개진했지만, 한탁주는 단지 그의 명성만 이용하고 싶었을 뿐 그의 의견에는 별로 관심이 없었다. 그러나 황제의 이름을 빌려 부른 체면 때문에 그를 진강부(鎭江府)의 부지사에 임명하였다. 지사로서 그는 북벌의 실질적인 군비를 갖추어 가고, 금나라에 밀정을 보내 적정을 파악하는 등 실지회복의 준비를 서둘렀지만, 한탁주는 큰소리만 칠 뿐 북벌을 한담의 꽃으로만 삼아 진실하게 대처하려고 하지 않았다. 그리고 마침내는 실질적인 북벌을 강조하는 신기질마저 면직시켜 버렸다.

그 후 한탁주는 1206년 북벌작전에서 대패의 쓴맛을 보게 되고, 다시 신기질을 찾았지만 그때는 이미 신기질이 병석에 누워 출사를 할 수 없었다. 마침내 이 애국 영웅은 나라의 앞날을 걱정하며 세상을 떠났다.

책상퇴물 冊床退物

冊床退物　　책 冊 책상 床 물러날 退 만물 物

책상물림. 글만 배우던 사람으로, 산지식이 없고 세상 물정에 어두운 사람.

이용후생 利用厚生

利用厚生　　이로울 利 쓸 用 두터울 厚 살 生

기구를 편리하게 쓰고 먹을 것과 입을 것을 넉넉하게 하여, 국민의 생활을 나아지게 함. 백성들의 일상적인 생활에 이롭게 쓰이고, 삶을 풍요롭게 하는 것이야말로 실천적인 학문의 내용이라는 뜻이다. 《서경》 대우모편에 있는 말이다.

「백성의 덕을 바르게 하고 백성들이 편하게 쓰도록 하고 백성의 생활을 여유 있게 하는 세 가지를 조화시키십시오(正德利用厚生唯和)」

「이용(利用)」이란 백성의 쓰임에 편리한 것으로서 공작 기계나 유통수단 등을 의미하고, 「후생(厚生)」은 의식 등의 재물을 풍부하게 하여 백성의 삶을 풍요롭게 만드는 것이다.

유학은 구체적인 현실에서 경세제민을 통해 백성의 삶을 풍요롭고 바람직하게 만드는 것을 정치의 이상으로 삼기 때문에, 도덕적이고 윤리적인 문제에 못지않게 경제적인 문제에도 깊은 관심을 가진다.

공 자

공자가 교육에 앞서 백성의 부서(富庶)를 말한 것이나 맹자가 백성에게 항산(恒産 : 살아갈 수 있는 일정한 재산, 일정한 생업)을 마련해 주는 것을 왕도정치 실현의 기반으로 지적한 것은 모두 그 실례이다.

후대로 오면서 유학의 관심이 윤리적 · 도덕적인 정덕(正德)의 측면에 기울면서, 이른바 덕본재말(德本財末) · 중의경리(重義輕利) 등의 의론이 나와 재물이나 이익을 경시하는 듯한 흐름이 생겨났다.

전통적으로는 정덕(正德)을 이용 · 후생의 앞에 놓아 반드시 덕성의 실천으로부터 정치상의 실천에 도달한다는 인식이 지배적이었다. 즉 이용후생의 문제는 정덕 이후의 문제로서 부차적으로 취급된 것이었고 제1차적인 관심은 정덕의 문제에 집중되었던 것이다.

사 반 공 배
事半功倍 事半功倍 일 事 반 半 공 功 곱(더)할 倍

「일은 반밖에 하지 않았지만, 공은 배나 된다」는 뜻으로, 들인 노력은 적고 얻은 성과는 큼을 이르는 말.

《맹자》 공손추상에 있는 이야기다.

제(齊)나라 출신의 제자 공손추가 춘추시대 제나라의 재상 관중(管仲 : 管子)과 안자(晏嬰)의 공적을 치켜세우며, 맹자 역시 제나라의 요직을 맡는다면, 그런 공적을 이룰 수 있는지를 맹자에게 물었다.

맹 자

맹자는, 천리가 넘는 땅을 차지하고 있는 제나라에서는 어진 정치를 펴는 것이 손바닥 뒤집는 것처럼 쉬운 일임에도 관중과 안자는 그렇게 하지 못하였으니, 어찌 자신과 비교할 수 있느냐고 꾸짖고 다음과 같이 말하였다.

「지금과 같은 때를 맞아 만 승의 나라에서 어진 정치를 행한다면, 백성들은 그것을 기뻐할 것이니, 마치 거꾸로 매달렸다가 풀려난 것과 같을 것이다. 일은 옛 사람이 한 것의 반만 하고도 공은 결국 곱절이 될 것이니, 오로지 지금만이 그렇게 할 수 있는 때다(當今之時 萬乘之國 行仁政 民之悅之 猶解倒懸也 故事半古之人 功必倍之 惟此時爲然)」

만 승(萬乘)은 1만 채의 수레를 갖춘 천자의 나라를 뜻한다. 「사반공

배」는 위의 「고사반고지인 공필배지(故事半古之人 功必倍之)」에서 나온 말이다.

맹자는, 제나라가 만 승의 나라로서 어진 정치만 편다면 옛날 문왕이 이룩하였던 패업을 손쉽게 이룩할 수 있으니, 이를 일러 수고는 옛 사람이 한 것의 반만 하더라도 그 공은 곱절이 될 것이라고 말한 것이다.

사반공배의 반대말로는 「사배공반(事倍功半)」이란 말이 있다.

						1 장 藏		2 은 隱	미 尾
3 부 父	4 전 傳	자 子						거 居	
						5 견 見		방 放	구 狗
	보 寶		6 점 漸						
7 단 單	도 刀		입 入		8 일 日	수 授			
			가 佳	인 人	박 薄	9 명 命		경 頃	10 각 刻
	11 삼 三	매 昧							
				12 타 他	산 山		13 석 石		구 求
	성 聲						화 火		검 劍
		14 등 登		자 自	비 卑				
				건 乾		15 광 光	음 陰		전 箭

보기								
家	境	高	光	頭	面	西	言	如
危	在	傳	舟	之	直	兎	喜	

키워드

1가로 : 머리를 감추고 꼬리를 숨긴다는 뜻으로, 일의 전말을 확실히 밝히지 않음.

2세로 : 속세를 피하여 혼자 지내면서 품고 있는 생각을 거리낌 없이 말함.

3가로 : 아버지의 성품이나 행동, 습관 등을 아들이 그대로 전해 받는 모습.

4세로 : 조상 때부터 대대로 집안에 전해지는 보배로운 칼.

5가로 : 토끼를 발견한 후에 사냥개를 놓아서 잡게 하여도 늦지 않다는 뜻으로, 사태의 진전을 관망한 후에 대응해도 좋다는 말.

5세로 : 위험을 보면 목숨을 바친다는 뜻으로, 나라의 위태로움에 목숨 바쳐 싸움.

6세로 : 가면 갈수록 경치가 더해진다는 뜻으로, 일이 점점 더 재미있는 지경으로 돌아가는 것을 비유하는 말.

7가로 : 혼자서 칼을 휘두르고 거침없이 적진으로 쳐들어간다는 뜻으로, 문장이나 언론의 너절한 허두(虛頭)를 빼고 바로 요점으로 풀이하여 들어감.

8세로 : 「해가 서산에 가까워지다」라는 뜻으로, 사물이 쇠망기에 접어듦의 비유.

9가로 : 목숨이 경각에 달렸다는 뜻으로, 숨이 곧 끊어질 지경에 이름.

10세로 : 칼을 강물에 떨어뜨리자 뱃전에 그 자리를 표시했다가 나중에 그 칼을 찾으려 한다는 뜻으로, 융통성이 없고 세상일에 어둡고 어리석음.

11가로 : 오직 한 가지 일에만 마음을 집중시키는 경지(境地). 3자

11세로 : 세 가지 기쁜 소리. 「다듬이 소리, 글 읽는 소리, 갓난아이의 우는 소리」를 이르는 말. 3자

12가로 : 다른 사람의 하찮은 언행이라도 자기 지덕을 닦는 데 도움이 됨의 비유.

12세로 : 남이 내 얼굴에 침을 뱉으면 그것이 저절로 마를 때까지 기다린다는 뜻으로, 처세에는 인내가 필요함을 비유하여 이르는 말.

13세로 : 돌이 맞부딪칠 때 불이 반짝이는 것과 같이 빠른 세월을 이르는 말.

14가로 : 높은 곳에 오르려면 낮은 곳에서부터 출발해야 한다는 뜻으로, 모든 일에는 순서가 있다는 말.

15가로 : 세월의 흐름이 화살과 같이 빠름.

풀이

佳人薄命 (가인박명)

佳人薄命　아름다울 佳 사람 人 얇을 薄 목숨 命

얼굴이 예쁜 사람은 운명이 가혹하다. 보통 미인이 그 미모에 걸맞게 행복한 생애를 보내지 못하고 기구한 처지에 빠져 있을 때 흔히 사용한다.

가인(佳人)이란 말의 뜻 가운데는 임금과 같은 귀한 사람을 가리키는 경우도 있다. 그러나 보통 가인이라 하면 얼굴이 예쁜 여자를 가리켜 말하게 된다. 특히 「가인박명」이니 「미인박명(美人薄命)」이니 하고 「박명(薄命)」이란 두 글자가 붙어 있을 경우는 더욱 그렇다.

소식(蘇軾 : 자는 동파)이 지은 「박명가인」이란 칠언율시를 소개해 보자.

						藏	頭	隱	尾
父	傳	子	傳					居	
	家					見	兎	放	狗
	寶		漸			危		言	
單	刀	直	入		日	授			
			佳	人	薄	命	在	頃	刻
	三	味	境		西				舟
	喜			他	山	之	石		求
	聲			面			火		劍
		登	高	自	卑		光		
				乾		光	陰	如	箭

<해 답>

「두 빰은 굳은 젖빛, 머리털은 옻칠을 한 듯한데 / 눈빛은 발 사이로 들어와 구슬처럼 영롱하구나. / 원래 흰 깁으로 선녀의 옷을 만들고 / 붉은 연지로 타고난 바탕을 더럽히지 못한다. / 오나라 말소리는 귀엽고 부드러워 아직 어린데, / 한없는 인간의 근심은 전연 알지 못한다. / 예부터 가인은 흔히 박명하다 하지만

(自古佳人多薄命), / 문을 닫은 채 봄이 다하면 버들 꽃도 지고 말겠지」

소동파

이 시는 저자가 항주·양주의 지방장관으로 부임했을 때 우연히 절간에서 나이 80이 이미 넘었다는 어여쁜 여승을 보고, 그녀의 아리따웠을 어린 소녀시절을 회상하며 미인의 박명함을 읊은 것이라고 한다.

藏頭隱尾 (장두은미)

藏头隐尾　　감출 藏 머리 頭 숨길 隱 꼬리 尾

머리를 감추고 꼬리를 숨긴다는 뜻으로, 일의 전말을 분명히 밝히지 아니함을 이르는 말. 「머리는 감췄지만 꼬리는 비어져 나와 있다」라는 뜻으로, 진실을 숨기려 하지만 거짓의 실마리가 드러나 보인다는 「장두노미(藏頭露尾)」와 맥이 같은 말이다.

隱居放言 (은거방언)

隐居放言　　숨을 隱 살 居 방자할 放 말씀 言

은거(隱居)는 세상에 나아가 활동을 하지 않고 조용히 집에서 사는 것을 말한다. 꼭 숨어서 사는 것이 은거는 아니다. 방언(放言)은 말을 함부로 한

공 자

다는 뜻이다. 이 말은 《논어》 미자편(微子篇)에 있는 공자의 말이다.

「일민(逸民 : 출세를 못한 사람)에 백이·숙제·우중(虞仲)·이일(夷逸)·주장(朱張)·유하혜(柳下惠)·소련(少連) 등이 있었다. 그 뜻을 굽히지 않고, 그 몸을 욕되지 않게 한 것은 백이와 숙제다. 또 유하혜와 소련은, 뜻을 굽히고 몸을 욕되게 했으나, 하는 말이 도리에 맞고 하는 행동이 이치에 맞았다. 그것뿐이다. 또 우중과 이일은, 그들은 숨어 살며 말을 함부로 했으나, 몸을 깨끗이 지녔고 버린 것이 권도(權道)에 맞았다(隱居放言 身中淸廢中權). 그러나 나는 이들과는 다르다. 나는 꼭 옳다는 것도 없고, 옳지 않다는 것도 없다(我則異於是 無可無不可)」

「버린 것이 권도에 맞았다(廢中權)」는 것은 바로 그들의 그런 자기희생이 대의를 위한 부득이한 처사였다는 이야기다. 그러나 우중과는 달리 장자(莊子) 같은 사람이나, 그 계통의 이른바 죽림칠현(竹林七賢), 도연명 같은 사람들도 「은거방언」의 대표적인 사람으로 들 수 있을 것 같다.

공자가 말한 「옳다는 것도 옳지 않다는 것도 없다」는 것은 이른바 시중(時中)을 말하는 것이다. 어떤 행동의 기준이나 철칙 같은 것이 없고 그 때와 장소에 따라 맞게 하는 것을 말한다. 또 모든 것을 포용하는 하늘과 같은 심경을 말한 것으로도 볼 수 있다.

부전자전
父傳子傳 父传子传 아비 父 전할 傳 아들 子

대대로 아버지가 아들에게 전함.

전가보도
傳家寶刀 传家宝刀 전할 傳 집 家 보배 寶 칼 刀

대대로 집안에 전해지는 보검의 뜻으로, 전가(傳家)는 「조상 때부터 대대로 집안에 전해지다」의 뜻이고, 보도(寶刀)는 「보배로운 칼」임.

견토방구
見兎放狗 见兎放狗 볼 見 토끼 兎 놓을 放 개 狗

토끼를 발견한 후에 사냥개를 놓아서 잡게 하여도 늦지 않다는 뜻으로, 사태의 진전을 관망한 후에 응하여도 좋다는 말.

《신서(新序)》에 있는 말이다.

장신(莊辛)이라는 사람이 이르기를, 「토끼를 사냥할 때 사냥개를 먼저 풀어 놓으면 토끼가 미리 눈치를 채고 멀리 달아나 버림으로써 일을 그르칠 수 있으므로, 이쪽에서 성급히 대응하다가는 상대에게 허점을 보이기 쉽다」라고 한 데서 온 말이다.

견위수명
見危授命 见危授命 볼 見 위태할 危 줄 授 목숨 命

나라가 위태로울 때는 자신의 목숨까지도 바친다.

공자의 제자 자로(子路)가 공자에게 성인(成人)에 대해 묻자, 공자는 지혜와 청렴과 용기, 그리고 재예(才藝), 예악(禮樂)을 두루 갖춘 사람이 성인이라고 대답하면서 이렇게 덧붙였다.

「그러나 오늘의 성인이 어찌 반드시 그렇겠는가? 이로움을 보면 의(義)를 생각하고, 위태로움을 보면 목숨을 바치며, 오래 전의 약속을 평생의 말로 여겨 잊지 않는다면 또한 마땅히 성인이라 할 수 있다(今之成人者 何必然 見利思義 見危授命 久要 不忘平生之言 亦可以爲成人矣)」

공자는 여기서 지금의 성인은 옛날의 성인에는 미치지 못하지만, 위의 세 가지 요건만 갖추면 성인이라 할 만하다는 뜻으로 말한 것이다.

여기서 유래한 「견위수명」은 이후 나라를 위해서는 목숨도 아낌없이 바치는 충신을 일컫는 용어로 쓰였다.

여기서 「이로움을 보면 의(義)를 생각한다」는 「견리사의(見利思義)」와 「견위수명」은 뜻이 통하는 말이다. 나라나 대의를 위해 자신을 희생한다는 뜻의 성어는 이 밖에도 「선공후사(先公後私)」, 「대의멸친(大義滅親)」 등이 있다. 「견위치명(見危致命)」이라고도 한다.

漸入佳境 (점입가경)

漸入佳境　　점점 漸 들 入 아름다울 佳 지경 境

경치나 문장 또는 어떤 일의 상황이 점점 갈수록 재미있게 전개된다는 말이다.

《진서(晉書)》 고개지전(顧愷之傳)에 있는 이야기다.

고개지는 감자(甘蔗 : 사탕수수)를 즐겨 먹었다. 그런데 늘 가느다란 줄기 부분부터 먼저 씹어 먹었다. 이를 이상하게 여긴 친구들이 물었다.

「사탕수수를 왜 거꾸로 먹나?」

그러자 고개지는 태연하게 말했다.

「갈수록 점점 단맛이 나기 때문(漸入佳境)이다」

이로부터 「점입가경」이란 말이 경치나 문장 또는 어떤 일의 상황이 갈수록 재미있게 전개되는 것을 뜻하게 되었다고 한다. 줄여서 「자경(蔗境)」 또는 「가경(佳境)」이라고도 한다.

고개지의 낙신부도(洛神賦圖)

고개지는 그림뿐만 아니라 문학과 서예에도 능하여 많은 작품을 남겼다. 사람들은 그를 삼절(三絶 : 畵絶 · 才絶 · 痴絶)이라 하였는데, 이는 당시의 풍속과 맞지 않는 특이한 말과 행동 때문으로 보인다.

예를 들면, 남경(南京) 와관사(瓦棺寺) 창건 때의 일이다. 남경에 있던 일단의 승려들이 와관사를 짓기 위해 헌금을 걷었다. 그러나 사람들이 궁핍하여 뜻대로 모이지 않았다. 어느 날, 한 젊은이가 말했다.

「백만 전을 내겠소. 절이 완공되거든 알려 주시오」

절이 완공되자 그 젊은이는 불당(佛堂) 벽에 유마힐(維摩詰)을 그렸다. 얼마나 정교한지 마치 살아 있는 것 같았다. 소문이 삽시간에 번져, 이를 구경하러 온 사람들의 보시가 백만 전을 넘었다고 한다. 이 젊은이가 바로 고개지였다.

單刀直入 (단도직입) 单刀直入 홑 單 칼 刀 곧을 直 들 入

홀로 칼을 들고 곧장 들어가다. 홀로 적진을 향해 한 자루의 칼을 휘두르며 곧장 쳐들어가는 것. 말을 하거나 글을 쓸 때 빙 돌리지 않고 문제의 요점이나 핵심을 곧바로 말하는 것.

불교에서, 생각과 분별과 말에 거리끼지 않고 진경계(眞境界)로 바로 들어간다는 비유. 즉 수단과 방편을 쓰지 않고 적수(赤手)로 그 심부를 찔러 심안을 열어주는 것을 말함. 《경덕전등록(景德傳燈錄)》

日薄西山 (일박서산) 日薄西山 날 日 엷을 薄 서녘 西 뫼 山

「해가 서산에 가까워지다」라는 뜻으로, 늙어서 여명(餘命)이 얼마 남지 않았거나 사물이 쇠망기에 접어든 것을 비유하는 말이다.

촉한의 재상이며, 진나라 때 한중태수(漢中太守)를 지낸 이밀(李密)이 지은 「진정표(陳情表)」에도 이 말이 사용되었다.

이밀은 어려서 아버지를 여의고 어머니는 재가하여 할머니 손에 자랐다. 그는 삼국시대 촉(蜀)에서 벼슬을 하다가 촉이 멸망하자 고향으로 돌아갔는데, 위(魏)를 멸하고 중원을 통일한 진(晉) 무제(武帝)는 그에게 태자세마(太子洗馬) 벼슬을 내려 조정으로 불러들이려 했다. 이에 이밀은,

「다만 조모 유씨가 해가 서산에 가까워져 희미해지는 것처럼 숨이 곧 끊어질 듯하니, 목숨이 위태로워 아침에 저녁 일을 알 수 없습니다(但以劉日薄西山 氣息奄奄 人命危淺 朝不慮夕). 신은 조모가 없었더라면 오늘

에 이를 수 없었을 것이며, 조모는 신이 없으면 여생을 마칠 수 없을 것이니, 조모와 손자 두 사람이 서로 목숨을 의지하는 까닭에 구차스럽게 폐하거나 멀리 갈 수 없습니다」라고 하며 간곡하게 사양했다.

이밀과 조모 유씨

命在頃刻 (명재경각)

命在頃刻　　목숨 命 있을 在 잠깐 頃 새길 刻

목숨이 경각(頃刻)에 달렸다는 뜻으로, 숨이 곧 끊어질 지경(地境)에 이름, 거의 죽게 됨.

이처럼 존망이 달린 매우 위급한 처지를 비유하는 한자성어는 명재경각(命在頃刻) 외에도 많이 있다.

풍전등화(風前燈火 : 바람 앞의 등불이라는 뜻으로, 존망이 달린 매우 위급한 처지)

일촉즉발(一觸卽發 : 금방이라도 일이 크게 터질 듯한 아슬아슬한 상태),

초미지급(焦眉之急 : 눈썹이 타들어 갈 정도로 매우 위급함),

진퇴양난(進退兩難 : 이러기도 어렵고 저러기도 어려운 매우 난처한 처

지)

진퇴유곡(進退維谷 : 앞으로도 뒤로도 나아가거나 물러서지 못하는 궁지에 빠진 상태),

사면초가(四面楚歌 : 사면이 모두 적으로 둘러싸여 매우 위급한 처지),

위기일발(危機一髮 : 눈앞에 닥친 위기)

여리박빙(如履薄氷 : 살얼음을 밟는 것처럼 아슬아슬한 형세),

절체절명(絶切絶命 : 몸도 목숨도 다 되어 살아날 길이 없게 된 막다른 처지),

낭패불감(狼狽不堪 : 이러지도 저러지도 못하는 난감한 처지) 등도 모두 같은 뜻이다.

각주구검 刻舟求劍 刻舟求剑 새길 刻 배 舟 구할 求 칼 劍

각주구검 조상(彫像)

《여씨춘추》 찰금편에 나오는 이야기로, 눈앞에 보이는 하나만을 알 뿐, 그 밖의 시세 변동 같은 것은 전연 모르는 고집불통인 처사를 비유해서 한 이야기다.

초(楚)나라 사람이 배를 타고 강을 건너게 되었는데, 들고 있던 칼을 그만 물속에 빠뜨리고 말았다. 그러자 그는 얼른 칼을 빠뜨린 뱃전에다 표시를 해두고, 「내가 칼을 빠뜨린 곳은 바로 여기다」 하고 자못 영리한 체하며 주위 사람을 둘러보았다. 이윽고 배가 언덕에 와 닿자, 그는 아까 표시를 해 놓은 그 자리에서 물로 뛰어들었다. 그는 그 자리에 칼이 있을 거라고 믿었던 것이다. 배는 이미 그 동안에 칼을 빠뜨린 곳으로부터 멀어져 갔는데도 그걸 미처 깨닫지 못하고 그런 식으로 칼을 찾겠다니 얼마나 한심스런 이야기인가.

삼매경 三昧境 叁昧境 석 三 잠깰 昧 지경 境

오직 한 가지 일에만 마음을 집중시키는 경지(境地).

삼희성 三喜聲 叁喜声 석 三 기쁠 喜 소리 聲

세 가지의 기쁜 소리라는 뜻으로, 「다듬이 소리」, 「글 읽는 소리」, 「갓난아이의 우는 소리」를 이르는 말.

타산지석 他山之石 他山之石 다를 他 뫼 山 의 之 돌 石

「다른 산의 돌」이란 뜻으로, 다른 산에서 나는 보잘것없는 돌이라도 자기의 옥(玉)을 가는 데에 소용이 된다는 말로서, 다른 사람의 하찮은 언행일지라도 자신의 학덕을 연마하는 데 도움이 됨을 비유하는 말이다.

옥돌을 곱게 갈려면 같은 옥돌로는 잘 갈리지 않는다. 강도(强度)가 서로 다른 곳의 돌로 갈지 않으면 안 된다. 이러한 사실을 인용하여 《시경》 소아 「학명(鶴鳴)」 이란 시에, 초야에 있는 어진 사람들을 데려다가 임금의 덕을 더욱 아름답게 만드는 재료로 삼으라는 뜻으로,

다른 산의 돌은	他山之石
그로써 옥을 갈 수 있다	可以攻玉

고 끝을 맺고 있다.

이 시에서 자기만 못한 다른 사람의 말이나 행동이 자신의 학문과 덕을 닦는 좋은 참고가 될 수 있다는 뜻으로 「타산지석」 이란 말을 쓰게 된다. 예를 들어 어떤 사람이,

「비록 부족한 사람의 말이지만, 이것이 타산지석이 되었으면 다행이겠습니다」 하고 말했다면, 그것은 자신을 낮추고 상대방을 높이면서, 좋은 참고로 알고 보람 있게 받아들여 실천에 옮겨 달라는 여러 가지 내용의 말을 한 것이 된다.

가위는 반드시 한쪽은 강하고 한쪽은 무른 쇠로 되어 있다. 그래야만 미끄럽지가 않고 물건을 잘 자를 수가 있다. 타산지석이 아닌 「타산지철」 인 것이다.

「절차탁마(切磋琢磨)」 와 함께 인간의 인격수양에 쓰이는 명구(名句)로, 흔히 「타산지석으로 삼다」 라고 쓴다.

他面自乾 (타면자건)

唾面自乾 침 唾 얼굴 面 스스로 自 마를 乾

《십팔사략(十八史略)》 에 있는 이야기다. 당나라 측천무후(則天武后)

는 중국 역사상 유일한 여자 황제로서 15년간 천하를 지배했다. 측천무후는 고종이 죽자, 두 아들 중종(中宗)과 예종(睿宗)을 차례로 즉위시키고 정권을 농단하여 독재 권력을 휘둘렀다. 자신의 권세를 유지하기 위하여 탄압책을 쓰는 한편으로는 유능한 관리를 두루 등용하여 세상은 그런 대로 태평세월이 유지되었다.

측천무후에게는 누사덕(婁師德)이란 신하가 있었다. 하루는 그의 아우가 대주자사(代州刺史)로 임명되어 부임하려고 할 때였다. 그는 동생을 불러 이렇게 물었다.

「우리 형제가 황제의 총애를 받아 다 같이 출세한 것은 좋지만, 그만큼 남의 시샘 또한 클 것이다. 그렇다면 그러한 시기를 받지 않기 위해서는 어떻게 처신해야 하겠느냐?」

동생이 대답했다.

측천무후

「혹 남이 내 얼굴에 침을 뱉더라도 결코 화를 내지 않고 잠자코 닦겠습니다. 만사를 이렇게 응대하여 결코 형님께 누를 끼치는 일이 없도록 하겠습니다」

동생의 대답을 듣고 누사덕은 이렇게 말했다.

「내가 염려하는 바가 바로 그것이다. 혹 어떤 사람이 네게 침을 뱉는다면, 그것은 네게 뭔가 크게 화 난 일이 있기 때문일 것이다. 그런데 네가 바로 그 자리에서 침을 닦아버린다면 상대의 기분을 거스르게 되어 그는 틀림없이 더 크게 화를 내게 될 것이다. 침 같은 것은 닦지 않아도 그냥 두면 자연히 마르게 되니(唾面自乾), 그런 때는 그저 웃어넘기는 게 상책이다」

누사덕의 말에서 처세에 인내가 얼마나 중요한 미덕인지를 일깨워준다.

석화광음 石火光陰

石火光阴　　돌 石 불 火 빛 光 그늘 陰

돌이 맞부딪칠 때에 불빛이 한 번 번쩍하고 곧 없어지는 것처럼 세월이 매우 빠름을 비유하여 이르는 말.

등고자비 登高自卑

登高自卑　오를 登　높을 高　부터 할 自　낮을 卑

높은 곳에 오르려면 낮은 곳에서부터 출발해야 한다는 뜻으로, 모든 일에는 순서가 있다는 말. 《중용(中庸)》 제15장에 이런 글이 있다.

「군자의 도는 비유컨대 먼 곳을 감에는 반드시 가까운 곳에서 출발함과 같고, 높은 곳에 오름에는 반드시 낮은 곳에서 출발함과 같다. 《시경(詩經)》에 『처자의 어울림이 거문고를 타듯 하고, 형제는 뜻이 맞아 화합하며 즐겁구나. 너의 집안 화목케 하며, 너의 처자 즐거우리라』는 글이 있다. 공자는 이 시를 읽고서 『부모는 참 안락하시겠다』고 하였다(君子之道 辟如行遠必自邇 辟如登高必自卑 詩曰 妻子好合 如鼓瑟琴 兄弟既翕 和樂且耽 宜爾室家 樂爾妻帑 子曰 父母其順矣乎)」

공자가 그 집 부모는 참 안락하시겠다고 한 것은 가족 간의 화목이 이루어져 집안의 근본이 되었기 때문이니, 바로 「행원자이(行遠自邇)」나 「등고자비」의 뜻에 맞는다는 말이다. 「등고자비」란 이와 같이 모든 일은 순서에 맞게 기본이 되는 것부터 이루어 나가야 한다는 뜻이다. 천릿길도 한 걸음부터라는 우리 속담과 뜻이 통한다고 하겠다.

공자묘

광음여전 光陰如箭

光阴如箭　　빛 光 그늘 陰 같을 如 화살 箭

세월이 흐르는 화살처럼 빠르다는 말

1 무 無	2 주 主		산 山		3 비 比		연 連	4 리이 理	
	객 客							판 判	
5 칠 七		팔 八	6 기 起		7 인 因	인 人	성 成		
	도 倒							판 判	
8 유 有	위 爲		전 轉		응 應				
			결 結	9 초 草	보 報	10 은 恩		11 행 行	
	12 희 喜							동 動	
	13 로노 怒		충 衝	천 天		분 分			14 배 背
				자 子		15 명 明		지 止	수 水
16 백 伯	락 樂	일 一							지 之
							17 장 長	사 蛇	

보기							
擧	鏡	顧	空	果	氣	頭	變
事	譬	承	哀	翼	顚	陣	

키워드

1가로 : 인가도 인기척도 없는 쓸쓸한 산. 임자가 없는 산.

2세로 : 주인은 손님처럼 손님은 주인처럼 행동을 바꿔 함. 즉 입장이 뒤바뀜.

3가로 : 부부의 사이가 깊고 화목함을 이 새와 이 나무에 비유해 이르는 말.

4세로 : 「막다른 궁지」 또는 끝장」을 뜻하고 뾰족한 묘안이 없음의 비유. 理는 이

5가로 : 일곱 번 넘어져도 여덟 번째 일어난다는 뜻으로, 실패를 거듭하여도 굴하지 않고 다시 일어섬.

6세로 : 문장 구성의 4단계, 즉 서론·설명·증명·결론과 같은 4단계의 구분.

7가로 : 어떤 일을 자기 혼자의 힘으로 이루지 못하고 남의 힘을 얻어 이룸.

7세로 : 원인과 결과는 서로 물고 물린다는 뜻으로, 과거 또는 전생(前生)의 선악의 인연에 따라서 뒷날 길흉화복의 갚음을 받게 됨을 이르는 말.

8가로 : 세상은 항상 변화무쌍하여 잠시도 머물러 있는 법이 없음.

9세로 : 풀잎 끝의 이슬 같은 천자처럼 덧없는 대장으로, 도적의 수령을 이름.

10세로 : 은혜를 준 자에게는 반드시 은혜로, 원한을 품게 한 자에게는 원한을 갚음을 이르는 말.

11세로 : 몸으로 움직이는 모든 것.

12세로 : 기쁨과 노여움, 슬픔과 즐거움이라는 뜻으로, 곧 사람의 여러 가지 감정.

13가로 : 노기가 하늘을 찌를 듯이 화가 머리끝까지 나 있음.

14세로 : 물러설 곳이 없으니 목숨을 걸고 싸울 수밖에 없는 지경을 이르는 말. 물을 등지고 적과 싸울 진을 치는 진법.

15가로 : 맑은 거울과 고요한 물이라는 뜻으로, 사념(邪念)이 전혀 없는 깨끗한 마음을 비유해 이르는 말.

16가로 : 명마가 백락을 만나 세상에 알려진다는 뜻으로, 훌륭한 사람에게 인정받음. 알아주는 사람이 있어야 능력을 발휘할 수 있음을 이르는 말.

17가로 : 썩 많은 사람이 줄을 지어 길게 늘어서 있는 모양을 형용하여 이르는 말. 한 줄로 길게 벌이는 진법의 한 가지. 3자

풀이

結草報恩 (결초보은)

结草报恩 맺을 結 풀 草 갚을 報 은혜 恩

「결초보은」이란 말을 쓰는 노인들을 더러 보게 된다. 죽어서 은혜를 갚겠다는 뜻이다. 《춘추좌씨전(春秋左氏傳)》에 있는 이야기다.

춘추시대 5패의 한 사람인 진문공의 부하 장군에 위주라는 용사가 있었다. 그는 전장에 나갈 때면 위과와 위기(魏錡) 두 아들을 불러놓고, 자기가 죽거든 자기가 사랑하는 첩 조희(祖姬)를 양반집 좋은 사람을 골라 시집을 보내 주라고 유언을 하고 떠났다.

그런데 막상 병들어 죽을 임시에는 조희를 자기와 함께 묻어달라고 유언을 했다. 당시는 귀인이 죽으면 그의 사랑하던 첩들을 순장하는 관습이 있었기 때문이다. 그러나 위과는 아버지의 유언을 따르려 하지 않았다. 아우인 위기가 유언을 고집하자, 위과는, 「아버지께서는 평상시에는 이 여자를 시집보내 주라고 유언을 했었다. 임종 때 말씀은 정신이 혼미해서 하신 것이다. 효자는 정신이 맑을 때 명령을 따르고 어지러울 때 명령을 따르지 않는다(孝子 從治命 不從亂命)고 했다」 하고, 장사를 마치자 그녀를 양가에 시집보내 주었다.

그리고 얼마 후, 두 형제는 두회라는 진(秦)나라 대장을 맞아 싸우게 되었다. 두회는 하루에 호랑이를 주먹으로 쳐서 다섯 마리나 잡은 기록이 있고, 키가 열 자에 손에는 120근이나 되는 큰 도끼를 휘두르며 싸우는데, 온 몸의 피부가 구리처럼 단단해서 칼과 창이 잘 들어가지 않는 그런 용장이었다.

위과와 위기는 첫 싸움에 크게 패하고 그날 밤을 뜬눈으로 새우다시피

無	主	空	山		比	翼	連	理	
	客							判	
七	顚	八	起		因	人	成	事	
	倒		承		果			判	
有	爲	變	轉		應				
			結	草	報	恩		行	
	喜			頭		讐		動	
	怒	氣	衝	天		分		擧	背
	哀			子		明	鏡	止	水
伯	樂	一	顧						之
							長	蛇	陣

<해답>

했다. 그런데 꿈인 듯 생시인 듯 위과의 귓전에서 「청초파(靑草坡)」 라고 속삭이는 소리가 들렸다. 위기에게 물어도 위기는 아무 소리도 듣지 못했다고 했다. 그래서 청초파란 지명이 있다는 것을 알고 그리로 진지를 옮겨 싸우기로 했다.

이날 싸움에서 적장 두회는 여전히 용맹을 떨치고 있었다. 그런데 위과가 멀리서 바라보니 웬 노인이 풀을 잡아매어 두회가 탄 말의 발을 자꾸만 걸리게 만들었다. 말이 자꾸만 무릎을 꿇자, 두회는 말에서 내려와 싸웠다. 그러나 역시 발이 풀에 걸려 자꾸만 넘어지는 바람에 마침내는 사로잡혀 포로가 되고 말았다.

그날 밤, 꿈에 그 노인이 위과에게 나타나 말했다.

「나는 조희의 아비 되는 사람입니다. 장군이 선친의 치명(治命)을 따라 내 딸을 좋은 곳으로 시집보내 준 은혜를 갚기 위해 미약한 힘으로 잠시 장군을 도와드렸을 뿐입니다」 하고 낮에 있었던 일을 설명하고, 다시 장군의 그 같은 음덕(陰德)으로 훗날 자손이 왕이 될 것까지 일러주었다.

「결초보은」의 이야기의 요체는, 위과(魏顆)가 한 말에 있듯, 「효자는 정신이 맑을 때 명령을 따르고 어지러울 때 명령을 따르지 않는다(孝子從治命 不從亂命)」라는 것이다.

무 주 공 산
無主空山

无主空山　　　없을 無 주인 主 빌 空 뫼 山

인가도 인기척도 없는 쓸쓸한 산. 임자가 없는 산.

주 객 전 도
主客顚倒

主客顚倒　　　주인 主 손 客 바뀔 顚 거꾸로 倒

사물의 경중(輕重) · 완급(緩急) · 선후(先後), 또는 주인과 손의 위치가 서로 바뀜. 주인과 손님이 뒤바뀌었다는 뜻으로, 중요도에 따라 주(主)가 되는 것과 부수적인 것의 순서나 앞뒤의 차례가 바뀐 경우를 말한다.

사물의 중요성과 중요하지 않은 것, 급한 일과 급하지 않은 것, 선후 따위의 순서가 뒤바뀌었다는 말이다. 주인은 손님처럼 손님은 주인과 같이 행동을 바꾸어 한다는 말로, 입장이 서로 뒤바뀐 것을 가리킨다. 손님이 도리어 주인처럼 행세를 한다는 뜻의 객반위주(客反爲主)와 비슷한 말이다.

또한 발이 위에 있다는 뜻으로, 사물이 거꾸로 되는 것을 나타내는 족반거상(足反居上)도 주객전도와 뜻이 비슷하다. 사물의 경중(輕重)이나 완급(緩急)의 순서가 뒤바뀐 것을 의미하는 주객전도는 입장이 서로 뒤바뀌거나 앞뒤의 차례가 뒤바뀐 경우에 쓰이는 말이다. 비 본말전도(本末顚倒).

비 익 연 리
比翼連理

比翼連理　　　견줄 比 날개 翼 이을 連 결 理

「비익조와 연리지」라는 뜻으로, 부부의 사이가 매우 화락함을 비유하는 말.

비익조는 상상(想像)의 새 이름으로, 암·수컷의 눈과 날개가 하나씩이어서 두 마리가 서로 나란히 해야 비로소 두 날개를 이루어 날 수 있다고 하는 새이며, 연리지는 두 나무의 가지가 서로 접해서 목리(木理)가 합친 가지라는 뜻으로, 비익의 새와 연리의 가지 모두 부부의 의가 대단히 좋거나 남녀 간의 애정이 썩 깊음을 비유하는 말이다.

백거이

백거이(白居易)는 「장한가(長恨歌)」에서 현종(玄宗)과 양귀비(楊貴妃)의 비련을 그려 「하늘에서는 비익의 새가 되고, 땅에서는 연리의 가지가 되리라」고 노래하였다. 작품의 맨 마지막 여덟 행을 소개하기로 한다.

떠나올 때 (양귀비가) 은근히 거듭 말을 전하는데
말로써 맺은 약속 두 마음만 안다네.
칠월 칠석에 장생전에서
아무도 없는 한밤에 속삭이기를
하늘에서는 나래 붙은 두 마리 새 되고 (在天願作比翼鳥)
땅에선 가지 붙은 두 나무 되자 하였네 (在地願爲連理枝).
아무리 하늘과 땅이 오랠 것이라 해도 다 할 때가 있으나
이 한만은 끊임없어 다할 날이 없으리라.

理判事判
이판사판

理判事判 이치 理 가를 判 일 事

조선시대 불교 승려의 두 부류인 이판승(理判僧)과 사판승(事判僧)을 이르는 말이다.

원래 이판과 사판은 불교 교단을 크게 양분해서 부르던 명칭이었다. 즉 이판은 주로 교리(敎理)를 연구하고 수행에 주력하면서 득도(得道)의 길을 걸었던 학승(學僧)을 말했다. 반면 사판은 수행에도 힘쓰지만 아울러 사찰의 행정업무나 살림살이 일체를 돌보던 사람들도 일컫는 말이다.

이렇게 단순히 사찰에서 하는 역할에 따라 두 가지로 나눠지던 것이 차츰 교구가 확정되고 사찰마다 주지가 책임자가 되는 제도가 정착되면서 묘한 문제가 일어났다고 한다.

어떤 사찰에는 이판 출신의 승려가 주지가 되고 어떤 사찰에는 사판 출신의 승려가 주지가 되는 일이 생겼던 것이다. 대개 승려는 운수행각(雲水行脚)을 하면서 고행과 수도를 겸하는 경우가 왕왕 있었는데, 이런 승려들이 정처 없이 떠돌다가 찾는 곳이 바로 산사(山寺)였던 것도 당연하다.

산사를 찾아 들어가면 주지가 그들을 맞이하면서 대뜸 물어보는 것이 이판인가 사판인가 하는 것이었다. 물론 세속적인 욕망이나 이윤과는 거리가 먼 승려들이기에 차별이 뒤따르지는 않았지만, 기왕이면 같은 판에 소속된 승려에게 정이 더 갈 것이 자명한 이치다.

때문에 산사를 찾은 운수승(雲水僧)은 그 산사의 주지가 이판승 출신인지 사판승 출신인지를 잘 알아두는 것이 처신에도 유리했던 것이다. 이런 연유로 해서 「이판사판」이란 말이 나오게 되었다.

그런데 이 이판사판의 뜻이 전이되어 부정적 의미로 쓰이게 된 데에는 시대적 상황이 크게 작용한 것으로 보인다. 조선의 억불정책(抑佛政策)은 불교에 있어서는 최악의 상태였다. 승려는 최하 계층의 신분이었으며, 도성(都城)에서 모두 쫓겨나고 출입도 금

탁발수행

지되어 있었다. 자연히 당시에 승려가 된다는 것은 인생의 막다른 마지막 선택이었다. 그래서 이판이나 사판은 그 자체로 「끝장」을 의미하는 말로 전이되고 말았다.

오늘날에는 원래의 유래와 상관없이 사태가 막다른 지경에 다다라 더 이상 어쩔 수 없게 되었을 때 자포자기한 기분으로 결정을 내리는 것을 이렇게 부른다.

七顚八起 (칠전팔기)

七顚八起 일곱 七 넘어질 顚 여덟 八 일어설 起

「칠전팔기」는 일곱 번 넘어지고 여덟 번 일어난다는 뜻이다. 아무리 실패를 거듭해도 절망하거나 체념하지 않고 끝까지 분투노력하는 것을 말한다.

七이니 八이니 하는 숫자는 많다는 뜻이다. 넘어졌다가 일어나는 것을 이치대로 따진다며 일곱 번 넘어졌으면 일곱 번 일어나는 것으로 끝난다.

한 번 넘어진 사람이 두 번 일어날 수는 없기 때문이다.

결국 몇 번을 넘어지든 다시 일어나고 또 일어난다는 뜻이다.

「칠전팔도(七顚八倒)」란 말이 있다. 일곱 번 넘어지고 여덟 번 거꾸러진다는 말이다. 역시 칠과 팔을 많다는 형용사로 쓴 것이다.

또 「십전구도(十顚九倒)」란 말도 있다. 같은 말이다.

열 번 넘어졌다면 아홉 번까지 일어났다는 뜻도 된다.

일어나지 않았으면 넘어질 수 없으니까, 문제는 넘어진 숫자에 있는 것이 아니고 일어난 숫자에 있는 것이다.

아니 다시는 넘어지지 않을 때까지 일어나는 것에 뜻이 있는 것이다.

백 번 꺾여도 굴하지 않는다는 뜻의 「백절불굴(百折不屈)」, 「백절불요(百折不搖)」, 어떠한 위력이나 무력에도 굴하지 않는다는 뜻의 「위무불굴(威武不屈)」, 결코 휘지도 굽히지도 않는다는 뜻의 「불요불굴(不撓不屈)」도 모두 비슷한 말이다.

기승전결
起承轉結 起承转结 일어날 起 받들 承 구를 轉 맺을 結

시작(詩作)에 있어, 특히 한시(漢詩)의 절구체(絶句體)에 있어서의 구성법. 기승전락(起承轉落) 또는 기승전합(起承轉合)이라고도 한다.

제1구를 기구(起句), 제2구를 승구(承句), 제3구를 전구(轉句), 제4구를 결구(結句)라 하며, 이 네 구의 교묘한 구성으로 한 편의 절구를 만드는 방법이다. 즉, 기구에서 시상(詩想)을 일으키고, 승구에서 그것을 이어받아 발전시키며, 전구에서는 장면과 사상을 새롭게 전환시키고, 결구는 전체를 묶어서 여운과 여정(餘情)이 깃들도록 끝맺는 것이다.

또한 문장 구성에 있어서의 4단계, 즉 서론·설명·증명·결론과 같은 4 단계의 구분도 기승전결의 전용(轉用)이다. 이는 소설이나 희곡에서 그 줄거리나 구성을 고안하는 데도 사용된다.

因人成事 (인인성사)

因人成事 의지할 因 사람 人 이룰 成 일 事

남의 힘을 빌려 일을 성취한다는 뜻.

《사기(史記)》 평원군열전(平原君列傳)에 있는 이야기다. 조(趙)나라가 진(秦)나라의 공격을 받게 되자, 공자(公子) 평원군이 구원을 청하기 위해 초(楚)나라에 사자로 가게 되었다. 평원군은 자기의 식객 20명을 거느리고 초나라로 떠났다. 초나라에 도착한 평원군은 동맹을 맺기 위해 고열왕(考烈王)과 회담하였으나 쉽게 결말이 나지 않았다.

평원군

마음이 착하기만 한 평원군과 진나라가 두렵기만 한 초왕과의 회담은 아침부터 시작해서 대낮이 기울도록 결정을 못보고 있었다. 보다 못한 문객들은 모수를 올려보냈다. 모수(毛遂)는 칼을 한 손으로 어루만지며 성큼성큼 계단을 올라가 평원군에게 말을 건넸다.

「구원병을 보내는 것이 좋으냐 아니냐 하는 것은 두 마디로 결정될 일인데 해가 뜰 때부터 시작된 이야기가 한낮이 되도록 결정을 보지 못하는 것은 무엇 때문입니까?」

그러자 초왕이 평원군을 보고 물었다.

「저 손은 누구입니까?」

「이 사람은 신의 문객입니다」 그러자 초왕은 호통을 쳤다.

「내가 그대의 주인과 말하고 있는데, 그대가 어찌 나선단 말인가?」

모수 부조상(浮彫像)

그러자 모수는 칼을 잡고 앞으로 나아갔다.

「왕께서 이 모수를 꾸짖으시는 것은 초나라 군대가 있기 때문입니다. 그러나 지금은 나와 열 걸음 안에 있으므로 초나라 군대가 아무 소용이 없습니다. 왕의 목숨은 이 모수의 손에 달려 있습니다. 우리 주인이 앞에 있는데 나를 꾸짖는 것은 무엇 때문입니까. 그리고 옛날 탕임금은 70리 땅으로 천하를 통일하고, 문왕은 백 리의 땅으로 제후들을 신하로 만들었습니다. …… 지금 초나라는 땅이 사방 5천 리에 무장한 군대가 백만에 이르고 있습니다. ……그런데 백기(白起)란 어린 것이 수만의 군대를 거느리고 초나라와 싸워, 한 번 싸움에 언영(鄢郢)을 함락시키고 두 번 싸움에 이릉(夷陵)을 불사르고 세 번 싸움에 왕의 선인을 욕되게 했습니다. 이 백 세의 원한을 조나라도 부끄러워하고 있는데, 왕께서는 미워할 줄을 모르고 계십니다. 두 나라의 연합은 실상 초나라를 위한 것이지 우리 조나라를 위한 것이 아닙니다」

초왕은 서슬이 시퍼런 모수의 기세에 겁을 먹고, 또 진나라 백기에 당한 지난날의 일을 생각하니 복수의 감정이 치받기도 했다.

「선생의 말을 듣고 보니 과연 그렇소. 삼가 선생을 따르겠소」

그러자 모수는 초왕의 좌우에 있는 사람들을 시켜 맹약에 쓸 피를 가져오게 하고, 피가 담긴 구리쟁반을 자기가 받아 든 다음, 무릎을 꿇고 초왕 앞에 들이밀며 말했다.

「대왕께서 마땅히 먼저 피를 마시고 맹약을 정하십시오. 그 다음은 저의 주인이요, 그 다음은 이 모수가 하겠습니다」

이렇게 궁전 위에서 맹약을 끝마치자, 모수는 왼손에 피 쟁반을 들고 오른손으로 섬돌 아래 대기하고 있던 평원군의 열아홉 명을 손짓해 말했다.

「당신들은 함께 이 피를 대청 아래서 받으시오. 당신들은 녹록한 사람들로 이른바 남으로 인해 일을 이룩하는 사람들이오(公相與歃此血於堂下 公等錄錄 所謂因人成事者也)」

이리하여 초나라로부터 구원병을 얻는 데 성공한 평원군은 모수를 가리켜, 「모선생의 세 치 혀가 백만의 군사보다도 더 강하다(三寸之舌 强于百萬之師)」고 칭찬했다. 여기에 나온 「인인성사」는 녹록한 사람들이 잘난 사람의 덕을 보는 것을 뜻한다. 그러나 지금은 누구나 다 그렇다는 뜻으로 쓰이고 있다.

因果應報 (인과응보)

因果应报 　　 인할 因 실과 果 응할 應 갚을 報

인과(因果)는 원인과 결과. 선인(善因)에서는 선한 결과가, 악인에서는 악한 결과가 나오는 것처럼 자기가 지은 인업(因業)에 대하여 반드시 거기에 상응하는 과보(果報)가 있다는 말. 《자은전(慈恩傳)》

有爲變轉 (유위변전)

有为变转　　있을 有 할 爲 변할 變 구를 轉

불교용어로, 이 세상의 모든 현상(現象)은 그대로 있지 않고 인연(因緣)에 의하여 변해 가는 것이라는 말로, 세상사(世上事)의 덧없음을 이르는 말.

草頭天子 (초두천자)

草头天子　　풀 草 머리 頭 하늘 天 아들 子

강도의 수령. 노상강도의 두목. 초두는 초두로(草頭露)의 약(略)으로, 풀잎 끝의 이슬. 덧없음, 오래 지속되지 않음의 비유.

천자(天子)는 두령(頭領)을 치켜세운 말로, 가볍게 대장이라는 어감. 덧없는 두목, 덧없는 대장은 강도의 수령에나 어울리지 않을까? 《평요전(平妖傳)》 유 양상군자(梁上君子)・녹림처사(綠林處士).

恩讐分明 (은수분명)

恩讐分明　　은혜 恩 원수 讐 구별할 分 밝을 明

훌륭한 명성이나 공적이 후세에 길이 전함. 사소한 원한이나 은혜에 대해 반드시 앙갚음함을 이르는 말.

범수가 진나라의 재상이 되자, 범수를 진왕에게 천거한 왕계가 범수에

게 말했다

「일에는 장래를 예측할 수 없는 것이 세 가지 있으며, 어찌할 수 없는 것도 세 가지 있습니다(事有不可知者三 有不可奈何者亦三). 임금이 언제 돌아가실지 모르는 것이 예측할 수 없

함곡관은 전국시대 진(秦)에서 산동(山東) 6국으로 통하던 관문으로서, 근대에 와서 복원되었다.

는 한 가지입니다. 상공이 갑자기 관사를 버리고 세상을 뜰지 모르는 것이 곧 예측할 수 없는 두 번째의 일입니다. 그리고 내가 언제 돌연히 구렁텅이에 빠져서 죽을지 모르는 것이 예측하기 어려운 세 번째의 일입니다. 임금이 돌아가신 다음에는 공이 나를 임금에게 추천하지 못한 것을 후회해도 어찌할 수 없는 일입니다(君雖恨于臣 無可奈何). 또 공이 갑자기 세상을 뜬 다음에는 나에게 대한 후회를 해 보아도 이미 어찌할 수가 없습니다. 그리고 내가 갑자기 죽은 후에도 내게 대한 똑같은 후회를 해도 역시 어찌할 수 없는 일입니다」

범수는 이 말을 듣고 불쾌했지만, 궁중에 들어가서 왕에게 말했다.

「만약 왕계의 충성이 없었더라면 저는 함곡관 안에 들어오지 못했을 것입니다. 또 만약 대왕의 현성(賢聖)이 없었더라면 저는 존귀한 자리에 오를 수 없었을 것입니다. 지금 저의 벼슬은 재상이며, 저의 작(爵)은 열후인데, 왕계의 벼슬은 아직도 알자(謁者)에 머물러 있습니다. 이것은 왕계가 저를 진나라에 데려온 본의가 아닐 것입니다」

소왕은 왕계를 불러서 하동(河東)의 태수에 임명했다. 그러나 3년이 되어도 행정에 관한 보고서를 제출하지 않았다. 범수가 또 정안평(鄭安平)을 추천하자, 소왕은 정안평을 장군에 임명했다.

범수는 다시 자기 집 재산을 뿌려서 일찍이 곤궁했을 때에 진 신세를 갚았다. 그 때 단 한 끼의 밥을 대접받았더라도 반드시 이를 갚았고, 눈 한 번 흘긴 원한도 반드시 앙갚음을 했다(一飯之德必償 睚眦之怨必報).

범수(范雎)가 「한 끼 밥을 신세진 정도의 작은 은혜도 반드시 갚고, 눈을 흘긴 정도의 사소한 원한도 반드시 보복하였다(一飯之德必償 睚眦之怨必報)」는 데서 이 고사가 나왔다.

行動擧止 (행동거지)

行动擧止　　다닐 行 움직일 動 들 擧 멈출 止

몸으로 움직이는 모든 것.

喜怒哀樂 (희로애락)

喜怒哀乐　　기쁠 喜 성낼 怒 슬플 哀 즐거울 樂

기쁨과 노여움, 슬픔과 즐거움. 또는 사람의 마음, 표정의 다양한 변화를 말한다. 유 환락애정(歡樂哀情).

怒氣衝天 (노기충천)

怒气衝天　　성낼 怒 기운 氣 부딪칠 衝 하늘 天

노기가 하늘을 찌를 듯이 화가 머리끝까지 나 있음

背水之陣
배 수 지 진

背水之阵

등背 물水 의之 진陣

《사기》 회음후열전(淮陰侯列傳)에 있는 이야기다.

한 신

한(漢)나라 고조(高祖)가 제위에 오르기 2년 전, 한군을 이끌고 있던 한신(韓信)은 위(魏)를 격파한 여세를 몰아 조(趙)로 진격했다. 일만 명의 군대는 강을 등지고 진을 쳤고 주력부대는 성문 가까이 공격해 들어갔다. 한신은 적이 성에서 나오자 패배를 가장하여 배수진까지 퇴각을 하게 했고 한편으로는 조나라 군대가 성을 비우고 추격해 올 때 매복병을 시켜 성 안으로 잠입, 조나라 기를 뽑고 한나라 깃발을 세우게 했다.

물을 등지고 진을 친(背水之陣) 한신의 군대는 결사 항전을 하니 조나라 군대는 퇴각할 수밖에 없었다. 그리고 이미 한나라 기가 꽂힌 성을 보고 당황한 조나라 군대에게 한신의 부대가 맹공격을 퍼부어 간단히 승리를 거두었다.

한신은 군대를 사지에 몰아넣음으로써 결사항전하게 하여 승리를 거둔 것이다. 싸움이 끝나고 축연이 벌어졌을 때 부장들은 한신에게 물었다.

「병법에는 산을 등지고 물을 앞으로 진을 치라고 했는데, 장군께선 물을 등지고 진을 쳐서 이겼습니다. 그리고 조나라를 이기고 나서 아침을 먹자고 하시더니 과연 말대로 되었습니다. 이것은 무슨 전법입니까?」

그러자 한신은 대답했다.

「이것은 병법에 있는 것이다. 제군들이 미처 몰랐을 뿐이다. 병법에 『죽을 땅에 빠뜨려 두어야 사는 길이 있다』고 하지 않았는가. 그리고 우리 군사는 아직 오합지졸이다. 이들을 결사적으로 싸우게 하려면 죽을 곳을 뒤에 두지 않으면 안된다」

모든 장수들은 탄복했다.

明鏡止水 (명경지수) 明镜止水 밝을 明 거울 鏡 그칠 止 물 水

밝은 거울과 잔잔한 물이라는 뜻으로, 마음이 가장 고요하고 안정된 상태를 가리킨다.

《장자》 덕충부편(德充符篇)에 다음과 같은 지어낸 이야기가 있다.

신도가(申徒嘉)는 발을 자르는 형을 받은 불구자였는데, 정나라 재상 자산(子産)과 함께 백혼무인(伯昏無人)을 스승으로 모시고 있었다. 하루는 자산이 신도가에게 말했다.

「내가 그대보다 먼저 선생님을 하직하고 나갈 때는 그대는 잠시 남아 있게. 그대가 먼저 나가게 되었을 때는 내가 잠시 남아 있을 테니」

이튿날 두 사람은 또 같은 방에 함께 있게 되었다. 자산은 또 어제와 똑같은 말을 하고는, 「지금 내가 먼저 나가려 하는데, 뒤에 남아 주겠지. 설마 그렇게 못하겠다고 말하지는 않겠지. 그대는 재상인 나를 보고도 조금도 어려워하는 기색이 없는데, 그대는 자신을 재상과 같다고 생각하는가?」

그러자 신도가가 말했다.

「선생님 밑에 재상과 같은 것이 있을 수 있겠소. 당신은 자신이 재상이란 것을 자랑하여 남을 업신여기고 있는 거요. 나는 이런 말을 듣고 있소. 『거울이 밝으면 먼지가 앉지 못한다(鑑明則塵垢不止). 먼지가 앉으면 거울은 밝지 못하다. 오래 어진 사람과 같이 있으면 허물이 없다』 고 말이오. 그런데 지금 당신은 큰 도를 배우기 위해 선생님 밑에 다니면서 이 같은 세속적인 말을 하니 좀 잘못되지 않았소?」

자 산

여기에 나오는 밝은 거울은 어진 사람의 때 묻지 않은 마음을 비유하고 있다.

같은 「덕충부편」에는 또 역시 발이 잘린 왕태(王駘)라는 불구자의 이야기가 공자와 공자의 제자인 상계(常季)와의 문답 형식으로 나온다.

왕태의 문하에서 배우는 사람의 수는 공자의 문하에서 배우는 사람의 수만큼 많았다. 그래서 상계는 속으로 그것을 다소 불만스럽게 생각하고 공자에게 그 까닭을 물었다.

「왕태는 몸을 닦는 데 있어서, 자신의 지혜로써 자신의 마음을 알고, 그것에 의해 자신의 본심을 깨닫는다고 합니다. 이것은 어디까지나 자기 자신만을 위한 공부로서 남을 위하거나 세상을 위한 공부는 아닙니다. 그런데도 어떻게 그토록 많은 사람들이 그에게 모여드는지 알 수 없습니다」

공자는 이렇게 대답했다.

공 자

「사람은 흐르는 물을 거울로 삼는 일이 없이 멈추어 있는 물을 거울로 삼는다(人莫鑑於流水而鑑於止水). 왕태의 마음은 멈추어 있는 물처럼 조용하기 때문에 사람들은 그를 거울삼아 모여들고 있는 것이다」

여기서는 왕태의 고요한 마음이 멈추어 있는 물(止水)에 비유되고 있다.

이 「명경지수」란 말은 《장자》의 이 두 가지 이야기에서 나온 말인데, 이와 같이 명경지수란 본래 무위(無爲)의 경지를 가리켰으나 후일 그 뜻이 변하여 순진무구한 깨끗한 마음을 가리키게 되었다.

백락일고
伯樂一顧

伯乐一顾 맏이 伯 음악, 즐거울 樂 한 一 돌아볼 顧

백락(伯樂)은 원래 별 이름이다. 이 별은 하늘에서 말을 다스리는 일을 맡고 있기 때문에 남의 말의 좋고 나쁜 것을 잘 아는 사람을 「백락」이라고 부르게 되었다. 하루 천 리를 달릴 수 있는 말도 이를 알아주는 사람이 없으면 짐수레를 끌며 늙고 만다는 뜻이다. 즉 아무리 재주가 뛰어난 사람도 이를 알아주는 사람이 없으면 출세를 하지 못함을 이르는 말이다.

춘추시대 진목공(秦穆公 : 재위 BC 660~621) 때 손양(孫陽)이란 사람이 말을 잘 알아보았기 때문에 세상 사람들은 그를 백락이라 불렀다. 언젠가 손양이 천리마가 다른 짐말과 함께 소금수레를 끌고 고갯길을 올라오는 것을 마주치게 되었다. 말은 고갯길로 접어들자 발길을 멈추고 멍에를 맨 채 땅에 무릎을 꿇었다. 그리고는 손양을 쳐다보며 큰 소리로 울었다.

백락상마

손양은 수레에서 내려, 「너에게 소금수레를 끌리다니!」하며 말의 목을 잡고 함께 울었다. 말은 고개를 숙여 한숨을 짓고 다시 고개를 들어 울었다. 그 우렁차고 슬픈 소리는 하늘에까지 울렸다.

백락과 천리마 이야기는 꽤 오랜 옛날부터 전해오고 있는데, 가장 널리 알려진 것은 한유(韓愈)의 《잡설(雜說)》이다. 잡설은 수필과 비슷한 뜻이다.

「세상에 백락이 있은 뒤에라야 천리마가 있는 법이다. 천리마는 항상 있지만, 백락은 항상 있지 못하다……(世有伯樂然後有千里馬 千里馬常有而伯樂不常有……)」

이 말은 세상에 인재는 늘 있는 법인데, 다만 그 인재를 알아주는 인물이 없다는 것을 힘주어 말한 데 특색이 있다. 또 천리마는 때로는 한 끼에 곡식 한 섬을 먹는데, 말을 먹이는 사람은 그것이 천리마인 줄을 모르고 먹이는 터라 말은 배가 고파 힘을 낼 수 없어 그 능력을 보여줄 수 없게 된다고 했다.

백락상마도(伯樂相馬圖)

아무리 재능이 있는 사람일지라도 그 재능을 발휘할 수 있는 여건이 이루어지지 못하면 보통 사람보다 오히려 더 못해 보일 경우도 있다는 것을 비유해 말한 것이다.

한신 같은 재주도 장양(張良)과 소하(蕭何)만이 알았고, 범증 같은 모사도 항우 밑에서는 아무 소용이 없었다.

《전국책(戰國策)》에 이런 이야기가 있다.

「어떤 사람이 백락을 만나 말하기를 『제게 준마가 한 필 있어 지난번에 팔려고 했습니다. 그러나 사흘이나 저잣거리에 내놓았지만 누구 한 사람 거들떠보지도 않더군요. 청컨대 제 말을 한번 살펴보아 주십시오. 사례는 충분히 하겠습니다』 했습니다. 그래서 백락이 가서 그 말을 한번 살펴보고는 돌아갔습니다. 그러자 말 값이 갑자기 열 배로 치솟으며 서로 사겠다고 아우성을 쳤다는 것입니다」

이 이야기에서 「백락이 한번 돌아보았다(伯樂一顧)」는 성구가 나왔는데, 아무리 역량이 탁월한 사람도 뛰어난 사람의 인정을 받아야 그 가치가 드러난다는 뜻으로 사용되고 있다.

장 사 진
長蛇陣 长蛇阵 길長 뱀蛇 줄陣

「뱀처럼 길 게 늘어선 군진(軍陣)」이란 뜻으로 《손자병법》에 나오는 말이며, 원뜻은 지금과 다소 다르게 쓰였다. 우선 이때의 뱀은 상산(常山)에 살았다는 「솔연(率然)」이라는 뱀을 가리킨다. 사람 키보다 몇 배나 길다 해서 「장사(長蛇)」라고도 불렸는데, 머리를 치면 꼬리로 덤벼들고, 꼬리를 치면 머리로 공격하고, 몸통을 치면 머리와 꼬리 양쪽으로 공격하는, 그야말로 비호같은 독사였다.

《손자병법》에는 군진을 칠 때는 바로 이 솔연처럼 진을 쳐야 한다고 적혀 있다.

	1 오 五	십 十		명 命		2 신 身			
						3 언 言	어 語		단 斷
	무 霧		4 우 牛		괘 掛				
5 소 笑	중 中	유 有				6 판 判	관 官		령 令
			할 割		7 당 堂				
8 현 賢			9 계 鷄	명 鳴	구 狗	도 盜			
10 량양 良	약 藥		구 口					11 전 前	
					12 월 月	13 하 下		인 人	
정 正	14 선 先	공 公	후 後						
						상 上		답 踏	
			15 사 四		팔 八	달 達			

보기								
	角	苦	老	道	刀	里	未	方
	使	私	十	牛	天	通	風	學

키워드

1가로 : 쉰 살을 달리 이르는 말.

1세로 : 사물의 행방 또는 사태의 추이를 전혀 알 수 없음.

2세로 : 인물을 선택하는 데 표준으로 삼는 네 가지 조건. 곧 신수・말씨・글씨・판단력.

3가로 : 말할 길이 끊어졌다는 뜻으로, 곧, 너무나 엄청나거나 기가 막혀서 말로써 나타낼 수가 없음.

4가로 : 쇠뿔에 책을 건다는 뜻으로, 열심히 공부함을 이르는 말.

4세로 : 소 잡는 칼로 닭을 잡는다는 뜻으로, 작은 일에 어울리지 아니하게 큰 도구를 씀을 이르는 말.

5가로 : 웃는 마음속에 칼이 있다는 뜻으로, 겉으로는 웃고 있으나 마음속에는 해칠 마음을 품고 있음을 이르는 말.

6가로 : 아내가 시키는 말에 거역할 줄 모르는 사람을 농으로 일컫는 말.

7세로 : 서당의 개도 3년을 공부하는 소리를 듣다 보면 시를 읊조리게 된다.

8세로 : 어질고 착하며 방정함.

9세로 : 닭의 부리와 소의 꼬리라는 뜻으로, 큰 단체의 말석보다는 작은 단체의 우두머리가 되라는 말.

10가로 : 좋은 약은 입에 쓰다는 뜻으로, 충언은 귀에 거슬린다는 말. 良은 양

11세로 : 이전 사람이 아직 밟지 않았다는 뜻으로, 지금까지 아무도 손을 대거나 발을 디딘 일이 없음.

12가로 : 부부의 인연을 맺어 주는 중매인을 일컫는 말.

13세로 : 아래를 배워서 위에 이른다는 말로, 낮고 쉬운 것부터 배워 깊고 어려운 것을 깨달음.

14가로 : 사사로운 일이나 이익보다 공익을 앞세움.

15가로 : 길이나 통신망이 막힘없이 통하는 모습.

풀이

계명구도
鷄鳴狗盜　鷄鸣狗盗　닭 鷄 울 鳴 개 狗 도적 盜

맹상군

글자 그대로 풀이하면 닭 울음소리를 내고 개처럼 도둑질을 한다는 뜻으로, 전국시대 말기에는 떠돌아다니는 유랑객들이 판을 치던 시대이기도 하다. 그들은 그들대로의 조직과 의리라는 것을 가지고 있어서 모든 정보를 서로 알려주는 한편, 한번 남의 신세를 지면 목숨도 아끼지 않는 의기를 보여주곤 했다. 그들은 보통 식객(食客)이란 이름으로 세도 있고 돈 많은 귀족 집에 얹혀살고 있었는데, 당시 식객이 3천 명을 넘은 귀족이 넷이었다 해서 사군시대(四君時代)라 불리기까지 했다.

이 4군 중에서도 가장 유명한 사람이 맹상군(孟嘗君) 전문(田文)이었다. 맹상군은 비록 죄를 짓고 도망쳐온 사람이라도 그가 무엇이든 남다른 재주가 있기만 하면 반겨 식객으로 맞이했다. 《사기》 맹상군열전(孟嘗君列傳)에 있는 이야기다.

맹상군이 진(秦)나라 소양왕(昭襄王, 재위 B.C.306~251)의 초청으로 진나라에 갔다가 우승상 저이질(樗里疾)의 참소로 처형당할 위기에 몰리자, 이전에 제나라에 있을 때 맹상군에게 많은 신세를 진 소양왕의 동생 경양군

(涇陽君)이 소양왕의 애첩에게 부탁해 맹상군을 구해주도록 요청했다.

이때 소양왕의 애첩은 천하의 둘도 없는 보배인 호백구(狐白裘 : 여우 겨드랑이의 흰 털이 있는 부분의 가죽으로 만든 갖옷)를 요구했는데, 맹상군이 단 두 벌만 갖고 있는 호백구 중 한 벌은 제나라에 있고, 한 벌은 진에 입국했을 당시

	五	十	天	命		身			
	里					言	語	道	斷
	霧		牛	角	掛	書			
笑	中	有	刀			判	官	使	令
			割		堂				
賢			鷄	鳴	狗	盜			
良	藥	苦	口		風			前	
方			牛		月	下	老	人	
正	先	公	後	私		學		未	
						上		踏	
			四	通	八	達			

<해 답>

소양왕에게 이미 선물로 바쳐 어찌할 수가 없는 상황이 되었다.

이때 맹상군을 수행한 빈객들 중 한 사람이 개 흉내를 내면서 진나라 대궐 창고에 잠입해 맹상군이 바친 호백구를 도둑질해왔다. 맹상군은 기뻐하며 그 호백구를 애첩에게 바쳤고 그녀의 간곡한 주선으로 소양왕으로부터 제나라로 돌아가도 좋다는 허락을 받았다.

이에 맹상군 일행은 서둘러 제나라로 도망쳤는데, 뒤늦게 맹상군을 석방한 사실을 후회한 소양왕은 군사들을 보내 맹상군 일행을 뒤쫓게 했다. 맹상군 일행은 계속 쫓기면서 급히 말을 달려 한밤중에야 가까스로 진나라 국경 관문인 함곡관(函谷關)에 도착했는데 새벽 첫닭이 울어야만 관문이 열리기 때문에 사태가 매우 급박하게 된 중에, 역시 빈객 중 한 사람이 닭 울음소리를 낸 덕분에 무사히 진나라를 벗어나 제나라로 돌아올 수 있었다.

함곡관

맹상군이 진나라에서의 어려움을 벗어나게 된 것도 다 손님을 차별 없이 대우한 덕이라고 좋게 평가하고 있었는데, 이에 대해 송(宋)나라 왕안석(王安石)은 반대로 혹평을 내리고 있다. 3천 명이나 되는 식객 가운데 한 사람도 주인을 위험한 곳으로 들어가지 못하도록 말린 사람이 없고, 겨우 죽게 된 마당에 개 도둑질이나 하고 닭 울음이나 우는 그런 무리들에 의해 목숨을 건지게 되었으니 맹상군은 다만 「계명구도」의 영웅일 뿐이라는 것이다. 지금은 왕안석의 해석을 기발하고 옳은 평으로 보고 있다.

오십천명 五十天命

五十天命 다섯 五 열 十 하늘 天 목숨 命

오십이 되어 천명을 안다는 뜻으로, 쉰 살을 달리 이르는 말. 유교의 개조(開祖)인 공자는 나이 50에 하늘의 명령(天命)을 깨달은 성인(聖人)이었다.

배우지 않고 하늘의 뜻을 안 사람이 유교의 시조인 공자는 스스로를 일컬어 「오십이천명(五十而天命)」이라고 하였다.

오리무중
五里霧中

五里霧中 다섯 五 이수 里 안개 霧 가운데 中

깊은 안개 속에 들어서게 되면 동서남북도 가리지 못하고 길을 찾기 어려운 것처럼 무슨 일에 대하여 알 길이 없음을 일컫는 말이다. 「오리무중」이란 말은 너무 흔하게 쓰이는 말이다. 5리나 안개가 끼어 있는 속이니 방향과 위치를 알 까닭이 없다. 그래서 범인의 행방이나 단서를 잡지 못하는 것을 흔히 오리무중이란 말로 표현한다. 《후한서》 장해전(張楷傳)에 있는 말이다.

장해(張楷)는 후한 중엽 사람으로 이름 있는 학자였다. 제자도 많고 귀인과 학자들 중에 친구도 많았지만, 벼슬하는 것이 싫어 산 속에 숨어 살고 있었다. 장해가 산 속에 숨어 산 뒤에 새로 즉위한 순제(順帝)가 그의 덕행과 지조를 높이 평가하여 하남태수로 부임하라는 칙서를 보냈으나 장해는 병을 핑계로 끝내 벼슬에 오르지 않았다.

장해는 또한 천성이 도술을 좋아해서 능히 오리안개를 일으킬 수 있었다. 그런데 그때 배우(裵優)란 자가 있어서, 그 역시 삼리안개를 일으킬 수가 있었다. 그러나 아무리 해도 장해의 오리무에는 미치지 못하는지라 장해의 제자가 되기를 청했다. 그러나 장해는 자취를 감추고 그를 만나 주지 않았다.

그 뒤 배우는 안개를 일으키며 나쁜 짓을 하고 돌아다니다가 관에 붙들려 취조를 받게 되었다. 이때 배우는 장해가 자기를 만나주지 않은 데 앙심을 품고, 안개를 일으키는 재주를 장해에게 배웠다고 진술했다. 이로 인해 장해도 감옥에 들어가게 되었는데, 곧 사실무근임이 밝혀져 무사히 풀려나와 일흔 살까지 살다 죽었다고 한다.

신 언 서 판
身言書判　身言书判　몸 身 말씀 言 글 書 판단할 判

당나라 때 관리를 등용하는 시험에서 인물평가의 기준으로 삼았던 몸(體貌)·말씨(言辯)·글씨(筆跡)·판단(文理)의 네 가지를 이르는 말. 《당서》 선거지(選擧志)에 의하면, 신(身)은 풍채가 늠름하게 생겨야 하고, 언(言)은 말을 정직하게 해야 하며, 서(書)는 글씨를 잘 써야 하고, 판(判)은 문리가 익숙해야 한다고 했다. 또 조선 후기 이익(李瀷)이 쓴 《성호사설(星湖僿說)》에 이런 말이 있다.

「당나라 때 『신·언·서·판』으로써 자격을 따지고 공로를 헤아려 벼슬에 의망했다. 여럿을 모아놓고 그 서·판을 시험해보고, 서·판 시험이 끝나면 그 신·언을 전형한다(至唐之選法 以身言書判 計資量勞而擬官 集衆而試觀其書判 已試而銓察其身言)」

신(身)은 사람의 풍채와 용모를 뜻하는 말이다. 사람을 대했을 때 신분고하 또는 재주의 유무와 상관없이 첫눈에 풍채와 용모가 바르지 못하면 정당한 평가를 받기 어렵다. 그래서 풍채와 용모가 훌륭해야 한다고 보았다.

언(言)은 사람의 말솜씨를 이르는 말이다. 사람이 아무리 뜻이 깊고 아는 것이 많아도 이를 전달하는 말에 조리가 없고 분명치 못하면 좋은 평가를 받기 어렵다. 따라서 조리 있는 좋은 말솜씨가 요구되었다.

서(書)는 글씨를 가리키는 말이다. 예로부터 글씨는 그 사람의 인격을 대변한다고 하여 매우 중요시하였다. 그래서 인물을 평가하는 데 글씨는 매우 큰 비중을 차지하였고 아름다운 글씨를 가진 사람을 높게 평가하였다.

판(判)은 사람의 판단력을 이르는 말이다. 곧 사물과 세상의 이(理)를 폭넓게 이해하여 일을 판단하는 능력이다. 사람이 아무리 인물과 말솜씨가 좋고, 글씨에 능해도 사물의 이치를 깨달아 아는 능력이 없으면, 그 인물됨이 출중할 수 없다 하였다.

言語道斷 (언어도단)

言语道断　　말씀 言 말씀 語 길 道 끊을 斷

말할 길이 끊어졌다는 뜻으로, 어이가 없어서 말하려 해도 말할 수 없음을 이르는 말. 「말이 안 됨」으로 순화.

《영락경(瓔珞經)》에 있는 말이다.

「언어도단」은 불교에서 말하는 「언어도단심행처멸(言語道斷心行處滅)」의 줄임말로서, 「말의 길이 끊어지고(言語道斷) 마음 가는 곳이 없어진다」는 말이다. 곧 절대의 깨달음의 세계를 표현하는 데 쓰이는 말로, 언어에 의해서 표현할 수도, 사고로 생각하여 짐작할 수도 없다는 의미이다. 「심행처멸(心行處滅)」은 마음의 작용이 미치지 못하는 절대경계의 본체심(本體心), 곧 「사량분별(思量分別)」이 끊어진 경계를 말한다.

선(禪)의 특징이 언어를 넘어서는 데 있다. 불가에서는 「이심전심」이나 불립문자(不立文字 : 불도의 깨달음은 마음에서 마음으로 전하는 것이므로 말이나 글에 의지하지 않는다는 말)를 통해 언어로는 사물의 있는 그대로의 모습인 진여(眞如)의 묘체를 전할 수 없다고 한다. 이때 전한다는 것은 대상이 이해할 수 있는 방식으로, 즉 언어로 옮겨준다는 의미이다.

「도를 도라고 말하면 그것은 늘 그러한 도가 아니다(道可道非常道)」 그러므로 궁극적인 깨달음은 언어에 얽매이지 않고 스스로 깨쳐야 한다고 주장한다.

우 각 괘 서

牛角掛書 牛角挂书 소牛 뿔角 걸掛 글書

「쇠뿔에 책을 걸어놓다」 라는 뜻으로, 소를 타고 독서한다는 말로, 촌음(寸陰)도 아껴 학문에 힘쓰는 자세를 비유하는 말이다. 《신당서(新唐書)》 이밀전(李密傳)에 있는 이야기다. 수(隋)나라 말기에서 당(唐)나라 초기에 걸쳐 활약했던 정치가이자 유력 군웅의 한 사람인 이밀(李密)의 고사에서 유래되었다.

이밀의 우각괘서

이밀은 명문가 출신으로, 소년 시절에 조상의 음덕으로 수나라 양제의 궁정에서 시위가 되었다. 양제는 이밀이 범상치 않은 인물임을 알아보고 우문술(宇文述)에게 명하여 이밀을 집으로 돌려보내 학문에 힘쓰게 하였다. 우문술은 이밀을 불러 재능과 학문으로 현달하도록 하라고 격려하였다. 이에 이밀은 집으로 돌아가 학문에 더욱 힘썼다.

평소 존경하던 학문이 높은 포개(包愷)가 구산에 있음을 알고는 그를 찾아갔다. 이밀은 먼 길을 가면서 책을 읽을 방법을 강구하여, 부들로 안장을 엮어 소 등에 얹고 그 위에 앉아 소의 양뿔에 《한서(漢書)》 한 질을 걸었다(以蒲韉乘牛 掛漢書一帙角上 行且讀). 이렇게 소를 타고 책을 읽으며 가는 모습을 조정의 대신 양소가 보았다. 양소는 소를 타고 가며 책을 읽는 기이한 모습에 그 뒤를 따라가 무슨 책을 그렇게 열심히

읽느냐고 물었다.

이밀은 양소를 알아보고 절을 하여 예를 갖추고는 《항우전(項羽傳)》을 읽는다고 대답했다. 양소는 그와 대화를 나누어보고는 범상치 않은 인물이라고 느꼈다. 양소가 집에 돌아와 아들 양현감(楊玄感)에게 이야기하니, 양현감이 마음을 기울여 이밀과 교유하였다. 나중에 양현감과 이밀은 양제의 통치가 문란해지자 합심하여 반란을 일으켰다.

수양제

牛刀割鷄 (우도할계)

牛刀割鷄　　소 牛 칼 刀 나눌 割 닭 鷄

소 잡는 칼로 닭을 잡는다는 뜻으로, 큰일을 처리할 기능을 작은 일을 처리하는 데 씀을 이르는 말이다. 《논어》 양화편(陽貨篇)에 있는 공자와 공자의 제자 자유(子遊)와의 사이에 오고 간 말 가운데 나오는 말이다.

자유가 무성(武城) 원으로 있을 때다. 공자는 몇몇 제자들과 함께 무성으로 간 일이 있다. 고을로 들어서자 여기저기서 음악소리가 들려 왔다. 그 음악소리가 아주 공자의 마음을 흡족하게 해주었던 모양이다. 공자는 그 음악소리에 만족스런 미소를 띠며, 「닭을 잡는 데 어찌 소 잡는 칼을 쓰리오(割鷄焉用牛刀)」하고 제자들을 돌아보았다.

이 말은, 작은 고을 하나를 다스리는 데 나라와 천하를 다스리기에도

자 유

충분한 예악(禮樂)을 쓸 것까지야 없지 않느냐는 뜻으로 재주를 아까워하는 한편, 그를 못내 자랑스럽게 생각한 데서 나온 말이다.

자유가 공자의 이 말이 농담인 줄을 몰랐을 리는 없다. 그러나 스승의 말씀을 농담으로만 받아넘길 수도 없는 일이다. 그래서 자유는, 「선생님께서 일찍이 말씀하시기를, 『군자는 도를 배우면 사람을 사랑하게 되고, 소인은 도를 배우면 부리기가 쉽다』 고 하셨습니다」 하고 비록 작은 고을이나마 최선을 다하는 것이 도리일 줄 안다는 뜻을 말했다.

군자나 소인에게나 다 같이 도가 필요하듯이, 큰 나라나 작은 지방이나 다 그 나름대로 예악이 필요하지 않겠습니까 하는 대답이다. 공자도 자유가 그렇게 나오자, 농담이었다는 것을 말하지 않을 수 없었다. 그래서 제자들을 다시 돌아보며, 「자유의 말이 옳다. 아까 한 말은 농담이었느니라」 하고 밝혔다.

笑中有刀(소중유도) 笑中有刀 웃을 笑 속 中 있을 有 칼 刀

「웃음 속에 칼을 감추고 있다」 라는 뜻으로, 겉으로는 웃는 낯으로 대하지만 마음속으로는 상대방을 해칠 뜻을 품고 있음을 비유하는 말이다. 고대 중국의 병법인 삼십육계 가운데 10번째 계책이기도 하다. 병법에서는 상대방으로 하여금 자신을 믿게 하여 안심시킨 뒤에 허를 찔러 공격하는 계책이다.

「소리장도」의 대표적 인물이 당나라 고종 때 중서시랑을 지낸 이의부(李義府)이다.

《구당서(舊唐書)》 이의부전에 있는 이야기다.

이의부는 겉으로는 온화하고 공손한 태도를 보이며 다른 사람과 이야기할 때는 반드시 미소를 지으며 선량한 얼굴을 하였다. 그러나 마음속은 각박하고 간사하여 음험한 계책으로 다른 사람들을 해쳤다. 이의부는 자기에게 거스르는 자는 문책하고, 자기에게 편드는 자를 모아 돈벌이를 했다. 그리하여 벼슬을 바라고 이익을 구해 그를 찾는 자가 늘어갔다.

한번은 우연히 새 인사명부를 보고 승진내정자를 불러 승진시켜 준다는 조건으로 돈을 받았다. 나중에 이 사실이 밝혀지자 그의 부자는 귀양을 떠나 다시는 도성으로 돌아오지 못하고 병사했다. 도성의 관원들은 그제야 안심할 수 있었다. 사람들은 이렇게 말했다.

「이의부의 웃음 속에는 칼이 숨겨져 있다(義府笑中有刀)」

또 당나라 현종 때의 간신 이임보(李林甫)의 고사에서 유래된 이야기로, 「입에는 꿀을 바르고 뱃속에는 칼을 품고 있다」는 말로, 겉으로는 꿀맛같이 절친한 척하지만 내심으로는 음해할 생각을 하거나, 돌아서서 헐뜯는 것을 비유한 「구밀복검(口蜜腹劍)」도 같은 뜻이다.

판관사령
判官使令

判官使令 판단할 判 벼슬 官 부릴 使 수령 令

아내가 시키는 말에 거역할 줄 모르는 사람을 농으로 일컫는 말.

당구풍월
堂狗風月 　堂狗风月 　집 堂 개 狗 바람 風 달 月

서당(書堂) 개 3년에 풍월(風月)을 읊는다(堂狗三年吠風月)는 뜻으로, 무식(無識)쟁이라도 유식한 사람과 사귀면 견문이 넓어짐. 또는 무슨 일 하는 것을 오래 오래 보고 듣고 하면 자연히 할 줄 알게 된다는 뜻.

현량방정
賢良方正 　贤良方正 　어질 賢 착할 良 모 方 바를 正

어질고 착하며 방정함.

계구우후
鷄口牛後 　鸡口牛后 　닭 鷄 입 口 소 牛 뒤 後

「차라리 닭의 머리가 될지언정 소 엉덩이는 되지 말라(寧爲鷄口 無爲牛後)」는 말이다. 예부터 내려오는 속담을 소진(蘇秦)이 인용한 말로, 큰 단체의 꼴찌가 되어 붙좇기보다는 작은 단체의 우두머리가 되라는 말이다. 《사기》 소진열전(蘇秦列傳)에 있는 이야기다.

춘추전국시대 주(周)의 연왕(燕王) 35년(BC 334), 소진은 6국이 연합해서 진나라에 대항해야 한다는 합종(合縱)의 외교정책을 들고 연나라와 조나라 임금을 설득시킨 다음, 조나라 숙후(肅侯)의 후원을 얻어 한나라로 가게 되었다.

소진은 한나라 선혜왕(宣惠王)을 먼저 이렇게 달랬다.

「한나라는 지형이 천연적인 요새로 되어 있고 훌륭한 무기들을 생산

하고 있으며, 군사들은 용감하기로 이름나 있습니다. 이러한 유리한 조건과 대왕의 현명한 자질로써 공연히 진나라의 비위만 맞추려 한다면 천하의 웃음거리밖에 될 것이 없습니다」

소진 묘

선혜왕은 소진의 말에 다소 자신감이 생겼다. 그런 기미를 본 소진은 끝에 가서,

「대왕께서 서쪽으로 진나라를 섬기면 진나라는 한나라에 땅을 요구하게 될 것입니다. 금년에 요구를 들어 주면 명년에 또 요구를 하게 될 것입니다. 이렇게 주다 보면 나중에는 줄 땅이 없게 되고, 주지 않으면 지금까지 준 것이 아무 소용이 없이 화를 입게 될 것이 아닙니까? 또 대왕의 땅은 끝이 있지만, 진나라의 요구는 끝이 없습니다. 끝이 있는 땅을 가지고 끝이 없는 요구를 들어 주지 못하면 이것이 이른바 『원한을 사서 화를 맺는다』는 것으로, 싸우기도 전에 땅부터 먼저 주게 되는 것입니다. 신이 듣건대, 속담에 이르기를 『차라리 닭의 주둥이가 될지언정 소 엉덩이는 되지 말라(寧爲鷄口 無爲牛後)』고 했습니다. 대왕의 현명하심으로 강한 한나라의 군사를 가지고 계시면서 소 엉덩이의 이름을 갖는다는 것은, 대왕을 위해 부끄러운 일이 아닐 수 없습니다」

어쨌든 간에 이와 같이 하여 이해가 상반되는 6국을 일시적이나마 결합시킨 것은 소진의 꿈이라 아니할 수 없다. 그러나 이것이 도리어 진의 책동을 초래하여 「합종」 성립의 이듬해에 제나라와 위나라가 진나라의 사주를 받아 조를 쳐 파탄을 가져오게 했다.

양약고구
良藥苦口 良药苦口 좋을 良 약 藥 쓸 苦 입 口

우리가 격언으로 또는 속담으로 자주 쓰는 말에 「좋은 약은 입에 쓰고 바른 말은 귀에 거슬린다」는 말이 있다. 이것이 바로 「양약고구 충언역이(良藥苦口 忠言逆耳)」를 우리말로 옮겨 놓은 것이다.

《사기》 유후세가(留侯世家)에 있는 이야기다.

장 량

천하를 통일하고 포악한 철권통치로 백성들을 옴짝달싹 못하게 하고 숨통을 조이던 시황제가 죽고 나자, 진(秦)나라는 금방 혼란에 빠지고 말았다. 긴장이 풀린 후의 심각한 이완현상이라고 할 수 있다. 학정에 시달려 온 백성들은 곳곳에서 봉기했고, 그 민중의 에너지를 기반으로 삼은 군웅들이 국토를 분할하여 세력 경쟁을 벌였다. 그 가운데서도 대표적인 인물이 항우와 유방(劉邦)인데, 2세 황제 원년인 기원전 209년에 무관(武關)을 돌파하여 진(秦)의 근거지인 중원에 제일 먼저 들어간 유방은 패상(霸上)에서 진의 자영(子嬰)이 바친 제왕의 인수(印綬)를 받고 다시 수도 함양으로 들어갔다. 기원 전 26년의 일이다. 유방은 아직 천하를 통일하지 못했지만 이것이 한(漢)의 원년이 되었다.

번 쾌

3세 황제 자영(子嬰)에게서 항복을 받아낸 유방이 대궐에 들어가 보니 방마다 호화찬란한 재보가 가득 가득 쌓여 있을 뿐 아니라 꽃 같은 궁녀들이 헤아릴 수도 없이 많았다. 유방은 원래 술과 여자를 좋아했으므로 대궐에 그대로 머물 생각을 했다. 그러자 부하 대장인 번쾌(樊噲)가 고언(苦言)을 했다.

「아직 싸움이 끝나지 않았고, 천하가 진정한 영웅을 기다리고 있는데, 여기서 주저앉아 한때의 쾌락을 즐기려 하십니까? 모든 것을 봉인(封印)하고 교외의 군진으로 돌아가야 합니다」

그러나 유방은 듣지 않았다. 참모인 장량(張良)은 궁전을 보인 것이 잘못이라고 생각하면서 유방에게 말했다.

「애당초 진(秦)이 도리에 어긋나는 짓만 해서 인심이 떠났기 때문에 주군께서 이렇듯 진의 영지를 점령할 수가 있게 된 것입니다. 천하를 위해서 적을 제거한다면 검소한 생활을 해야 합니다. 지금 진의 땅으로 들어오자마자 환락에 젖는다면 그야말로 『저 호화로웠던 하(夏)의 걸왕(桀王)을 도와 잔혹한 짓을 한다』 라는 결과가 됩니다. 게다가 『충언은 귀에 거슬리나 행실에는 이(利)가 되고, 독한 약이 입에는 쓰나 병에는 잘 듣는다(忠言逆耳利於行 毒藥苦口利於病)』 고 합니다. 부디 번쾌의 말을 들어주십시오」

그제야 자기의 잘못을 깨달은 유방은 대궐에서 나와 군진이 있는 패상

(霸上)으로 돌아갔다. 여기에서 말한 독한 약이란 물론 약효가 강하다는 뜻이다.

전인미답 前人未踏

前人未踏　　앞 前 사람 人 아닐 未 밟을 踏

이전(以前) 사람이 아직 밟지 않았다는 뜻으로, 지금까지 아무도 손을 대거나 발을 디딘 일이 없음.

월하노인 月下老人

月下老人　　달 月 아래 下 늙을 老 사람 人

「달 아래 늙은이」란 뜻으로, 인간세계의 부부의 인연을 맺어 주는 저승(冥界)의 노인을 말한다. 그래서 중매를 서는 사람을 「월하노인」이라 부르기도 한다.

《태평광기(太平廣記)》에 수록된 정혼점(定婚店) 전설에 있는 이야기다.

당나라 초기, 정관(貞觀) 2년에 장안 근처 두릉(杜陵)에 사는 위고(韋固)라는 청년이 송성(宋城) 남쪽 마을에 묵고 있을 때 일이다. 어떤 사람이 혼담을 청해 와서, 이튿날 새벽 마을 뒤쪽에 있는 용흥사(龍興寺) 문 앞에서 만나기로 하고 위고는 날이 밝기도 전에 미리 절 앞으로 나갔다. 문 앞에 이르자, 약속한 사람은 아직 와 있지 않고 웬 노인이 돌계단에서 베자루(巾囊)에 기대앉아 달빛을 빌어 책을 읽고 있었다. 위고가 물었다.

「무슨 책을 읽고 계십니까?」

월하노인 조상(彫像)

「세상 혼사에 관한 책인데 여기 적혀 있는 남녀를 이 자루 안에 있는 빨간 끈(赤繩)으로 한번 묶어 놓으면 아무리 원수지간이라도 반드시 맺어진다오」

「제 배필은 어디 있습니까?」

「송성 북쪽에 채소 파는 한 눈이 먼 노파가 안고 있는 아이가 바로 자네 베필일세」 노인은 이 말을 남기고는 홀연히 모습을 감추어 버리고 말았다.

「기가 차군. 누가 저런 거지 딸에게 장가를 든담」

위고는 하인에게 비수와 상금을 주고는 그 어린애를 죽이고 오라고 시켰다. 그러나 하인은 가슴을 찌른다는 것이 칼이 빗나가 두 눈썹 사이를 찌르고 말았다고 돌아와 고했다. 그로부터 14년이 지나 위고는 상주(相州)의 관리가 되어 그 고을의 태수의 딸과 결혼하였다. 17세로 미인이었다. 그녀는 열일곱 한창 피어나는 고운 얼굴이었는데, 꽃 모양의 종이를 두 눈썹 사이에 붙이고 있었다.

1 년이 훨씬 지난 어느 날, 문득 예전 생각이 나 부인에게 월하노인의 말을 이야기 해주었다. 그러자 부인은 깜짝 놀라면서 말했다.

「저는 사실 태수의 친딸이 아닙니다. 아버지가 송성에서 벼슬하시다가 돌아가시자 유모가 채소장사를 하면서 길러주었는데 지금의 태수께서 아이가 없자 저를 양녀로 삼으신 것입니다. 제 나이 세 살 때 시장에서

괴한의 칼을 맞았는데, 그때의 상처가 남아 이렇게 가리고 있는 것입니다」

「그 진 노파는 한쪽 눈이 멀지 않았던가?」

「그렇습니다. 그걸 어떻게……」

「그대를 찌르게 한 것은 바로 나였소」 하고 그는 지난 일을 자세히 이야기해 주었다.

그 뒤로 두 부부는 한결 정답게 살게 되었는데, 그들 사이에 태어난 아들이 뒤에 안문군(雁門郡) 태수가 되고, 어머니는 태원군 태부인이란 작호를 받았다. 그래서 이 이야기를 들은 송성현 현령이 그 마을을 「정혼점」 이라고 고쳐 부르게 했다는 것이다.

下學上達 (하학상달) 下学上达 아래 下 배울 學 위 上 도달할 達

아래를 배워 위에 달한다는 뜻으로, 낮고 쉬운 것을 배워 깊고 어려운 것을 깨닫는다는 말이다. 학(學)은 지식을 배우는 글공부 같은 것을 말하는 것이 아니다. 자기가 옳다고 생각하는 것을 실천하는 공부를 말한다. 《논어》 헌문(憲問)편에 있는 말이다.

모두가 생활을 통한 향상을 배움으로 하고 있다. 즉 유교는 행동을 통해 하늘을 아는 종교다. 불교와 같은 사색을 위주로 진리를 깨치는 것이 아니다. 행동을 위주로 하는 관계로 유교는 속세적인 현실주의로 타락하는 경향을 띤다. 즉 하학이 주가 되고 상달이 무시되는 것이다. 그래서 공자는 자신을 가리켜,

「하늘을 원망하지 않고 사람을 허물하지 않으며, 밑으로 배워 위로 통

달하니(下學而上達) 나를 아는 사람은 하늘뿐이다」라고 했다. 공자는 진리를 스스로 깨달아 알게 할 뿐, 알지 못하는 사람에게 이를 굳이 알리려 하는 일은 없었다.

《논어》 학이편에서 공자의 제자 자하(子夏)는 이렇게 말했다.

「남의 착한 것을 보고 이성(異性 : 色)을 어여쁘게 생각하듯 하며, 부모를 정성껏 섬기고, 임금을 몸을 바쳐 섬기며, 친구와 사귀어 진실 됨이 있으면 비록 배우지 못했다 하더라도 나는 반드시 배웠다(學)고 말한다」

즉 세상 사람들이 말하는 공부보다도 실천을 통한 수양이 참다운 배움이란 것을 강조한 것이다. 또 같은 편에서 공자도, 「먹는 데 배부른 것을 찾지 않고, 거처하는 데 편한 것을 찾지 않으며, 일에 민첩하고 말에 조심하여 도(道) 있는 사람에게 나아가 옳고 그름을 바로잡으면 배움을 좋아한다고 말할 수 있다」고 했다.

선공후사 先公後私

先公后私 먼저 先 공평할 公 뒤 後 사사 私

사(私)보다 공(公)을 앞세움이란 뜻으로, 사사(私事)로운 일이나 이익보다 공익(公益)을 앞세움.

사통팔달 四通八達

四通八达 넉 四 통할 通 여덟 八 통달할 達

길이 사방(四方) 팔방으로 통(通)해 있음. 길이 여러 군데로 막힘없이 통함.

1 인 人	2 궁 窮	반 反			3 화 畵	4 사 蛇	첨 添		
						심 心			
	5 입 入		출 出	6 구 口					7 기 旣
	회 懷			8 이 耳		구 口	비 鼻		장 張
									지 之
9 단 斷		지 之	10 교 敎	학 學	11 상 相	12 장 長	수 袖	선 善	
13 뇌 雷	봉 逢		별 別		상 相			14 발 髮	
			전 傳		15 조 助		보 補	단 短	
부 附									
16 화 和		애 靄	애 靄			17	이 耳	장 長	목 目

보기									
	氣	機	同	目	舞	本	扶	佛	飛
	心	外	耳	長	電	鳥	足	之	

키워드

1가로 : 사람은 곤궁하면 근본으로 돌아감. 궁해지면 부모를 다시 생각함.

2세로 : 쫓긴 새가 품 안에 날아든다는 뜻으로, 사람이 궁하면 적에게도 의지한다는 말.

3가로 : 뱀을 다 그리고 나서 있지도 않은 발을 덧붙여 그려 넣는다는 뜻으로, 쓸데없는 군짓을 하여 도리어 잘못되게 함을 이르는 말.

4세로 : 뱀의 마음에 부처의 입이라는 뜻으로, 속으로는 간악한 마음을 품고 있으면서 입으로는 착한 말을 하는 행동이나 그런 행동을 하는 사람.

5가로 : 들은 바를 곧장 남에게 말함. 남의 말을 제 주견인 양 그대로 옮김.

6세로 : 남에게 들은 걸 그대로 남에게 전할 정도밖에 되지 않는 천박한 학문.

7세로 : 이미 벌인춤이란 뜻으로, 이미 시작한 일이니 중간에 그만둘 수 없음.

8가로 : 귀・눈・입・코를 중심으로 한 얼굴의 생김새.

9가로 : 학업을 중도에 폐함은 짜던 베의 날을 끊는 것과 같아 아무런 이익이 없다는 뜻으로, 학업을 중단해서는 안 된다는 것을 경계하는 말.

10세로 : 경전(經典) 바깥의 특별한 전승(傳承)이라는 뜻으로, 마음과 마음으로 뜻을 전함.

11세로 : 서로서로 도움.

12가로 : 소매가 길면 춤을 잘 출 수 있다는 뜻으로, 재물이 넉넉한 사람은 일을 하거나 성공하기가 쉽다는 말.

13가로 : 우레처럼 만났다가 번개처럼 헤어진다, 잠깐 만났다가 곧 이별함.

13세로 : 줏대 없이 남의 의견에 따라 움직임.

14세로 : 늙어 머리털은 빠져 짧지만 마음은 길다는 뜻으로, 노인이 지혜가 많음을 비유적으로 이르는 말.

15가로 : 장점을 발전시키고 단점을 보완함.

16가로 : 온화하고 화목한 분위기가 넘쳐흐름.

17가로 : 먼 데서 일어나는 일을 능히 듣고 보는 귀와 눈. 널리 여러 가지 정보를 모아 사물을 명확하게 판단하는 능력.

풀 이

교학상장
敎學相長 敎学相长 가르칠 敎 배울 學 서로 相 나아갈 長

가르치고 배우면서 서로 성장함.

오경(五經)의 하나로 「예(禮)」의 본질과 의미에 대해서 상세하게 기록한 《예기(禮記)》 학기(學記)편에 보면 이런 내용이 있다.

「좋은 안주가 있더라도 먹어 보아야만 그 맛을 알 수 있다. 또한 지극한 진리가 있다 하더라도 배우지 않으면 그것이 왜 좋은지 알지 못한다. 따라서 배워 본 이후에 자기의 부족함을 알 수 있으며, 가르친 이후에야 비로소 어려움을 알게 된다. ……그러기에 가르치고 배우면서 성장한다(敎學相長)고 하는 것이다」

人	窮	反	本		畵	蛇	添	足	
	鳥					心			
	入	耳	出	口		佛			旣
	懷			耳	目	口	鼻		張
				之					之
斷	機	之	敎	學	相	長	袖	善	舞
			外		扶				
雷	逢	電	別		相			髮	
同			傳		助	長	補	短	
附								心	
和	氣	靄	靄			飛	耳	長	目

<해 답>

스승과 제자는 한쪽은 가르치기만 하고 다른 한쪽은 배우기만 하는 상하 관계가 아니라, 스승은 제자에게 가르침으로써 성장하고 제자 역시 배움으로써 나아진다는 것이다.

학문이 아무리 깊다고 해도 직접 가르쳐 보면 자신이 미처 알지 못하는 부분이 적지 않다는 것을 알 수 있다. 그렇게 되면 스승은 부족한 것을 더 공부하여 제자에게 익히게 하며, 제자는 스승의 가르침을 받아 훌륭한 인재로 성장한다.

공자는 《논어》 자한(子罕)편에서 「후생가외(後生可畏)」 라는 말을 했다. 곧 나중에 태어난 사람은 두려워할 만하다는 말로, 그만큼 젊은 사람들의 가능성은 무궁무진하다는 의미이다 공자의 이 말은 공자보다 서른 살이 아래인 안자(顏子 : 顏淵)의 재주와 덕을 칭찬해서 한 말이라고도 한다. 그러나 역시 이것은 하나의 진리가 아닐 수 없다.

안 회

인 궁 반 본
人窮反本 人穷反本 사람 人 궁할 窮 되돌릴 反 근본 本

사람은 곤궁(困窮)하면 근본(根本)으로 돌아간다는 뜻으로, 사람은 궁해지면 부모를 생각하게 됨을 이르는 말. 《사기》

궁 조 입 회
窮鳥入懷 穷鸟入怀 궁할 窮 새 鳥 들 入 품을 懷

쫓기던 새가 사람의 품안으로 날아든다는 뜻으로, 사람이 궁하면 적에게도 의지한다는 말. 《안씨가훈(顏氏家訓)》

畵蛇添足 (화사첨족)

畵蛇添足　　그릴 畵 뱀 蛇 더할 添 발 足

하지 않아도 될 쓸 데 없는 군일을 하다가 도리어 일을 그르침. 보통 「사족(蛇足)」이라고 한다. 「사족」은 뱀의 발이란 말이다. 그릴 필요가 없는 뱀의 발을 그리다가 내기에 지고 말았다는 고사에서, 필요 없는 공연한 것을 가리켜 「사족」이라고 말한다. 《전국책》 제책(齊策)에 있는 이야기다.

진 진

초나라 회왕(懷王) 6년(BC 323)의 일이다. 초나라는 영윤(令尹 : 재상)인 소양(昭陽)에게 군사를 주어 위(魏)를 치게 했다. 소양은 위를 격파하고 다시 군사를 이동시켜 제(齊)를 공격하려고 했다. 제의 민왕(閔王 : 湣王)은 이것을 우려하여 마침 진(秦)의 사신으로서 내조(來朝)하고 있던 진진(陳軫)에게 어떻게 하면 좋은가 하고 의논했다.

「걱정하실 필요 없습니다. 제가 가서 초(楚)에게 싸움을 중지시키겠습니다」

진진은 곧 초군으로 달려가 진중에서 소양과 회견하며 말했다.

「초나라에선 전쟁에 크게 승리하면 어떤 벼슬을 줍니까?」

「벼슬은 상주국(上柱國), 작(爵)은 상집규(上執珪)가 되겠지요」

「그보다 더 높은 지위는 무엇입니까?」

「영윤이 있을 뿐입니다」

「그럼 영윤이 된 사람에게는 관작을 높일 수가 없지 않습니까. 제가 장군을 위해 비유 이야기를 하나 하겠습니다」 하고 다음과 같은 이야기를 했다.

여러 사람이 술 한 대접을 놓고 혼자 다 마실 내기를 했다. 내기는 땅바닥에 뱀을 먼저 그리는 것이었다.

한 사람이 뱀을 제일 먼저 그렸다. 그는 술은 내 것이다, 하고 왼쪽 손으로 술잔을 들고 오른손으로는 계속 뱀의 발을 그리면서 「나는 발까지 그릴 수 있다」 고 뽐냈다. 그러나 그가 미처 발을 다 그리지 않아서 다른 사람이 뱀 그리기를 마치고 술잔을 빼앗아 들더니, 「뱀은 원래 발이 없다. 그런데 자네는 발까지 그렸으니, 발을 그린 뱀은 뱀이 아니다」 하고 술을 쭉 들이켜고 말았다.

이야기를 마친 진진은 이렇게 결론을 내렸다.

「장군은 초나라 영윤으로서 위나라를 쳐서 전쟁에 이기고 장군을 죽이고, 성 여덟을 점령한 다음 다시 제나라를 치려하고 계십니다. 제나라에서는 장군을 무서워하고 있습니다. 이제 장군의 명성은 더 바랄 것이 없게 되었습니다. 그러나 그로 인해 장군에게 더 돌아갈 것이 무엇이겠습니까. 만일 제나라와의 싸움에서 만에 하나 실수라도 한다면 뱀의 발을 그리려다 전부를 잃게 되는 꼴이 되지 않는다고 누가 장담하겠습니까」

소양은 과연 그렇겠다 싶어 군대를 거두어 철수하고 말았다.

사심불구
蛇心佛口　蛇心佛口　뱀 蛇 마음 心 부처 佛 입 口

뱀의 마음과 부처의 입이라는 뜻으로, 속으로는 간악(奸惡)한 마음을 갖고 있으면서 입으로는 착한 말을 꾸미는 일, 또는 그러한 사람을 일컫는 말.

입이출구 入耳出口

入耳出口　　들入 귀耳 날出 입口

들은 바를 곧 남에게 말함. 남이 하는 말을 제 주견(主見)인 양 그대로 옮김.

구이지학 口耳之學

口耳之学　　입口 귀耳 의之 배울學

순 자

귀로 듣고 입으로 지껄이는 천박한 학문. 귀로 들은 것을 그대로 남에게 이야기하여 조금도 자기를 이롭게 하지 않고, 깊이가 없는 학문을 말함.

《순자(荀子)》 권학편(勸學篇)에 있는 말이다.

「『구이지학』은 소인의 학문이다. 귀로 들은 것이 입으로 나온다. 입과 귀 사이는 네 치일 뿐. 어찌 일곱 자의 몸에도 채우지 못하는가(小人之學也 入乎耳出乎口 口耳之間則四寸耳 曷足以美七尺軀哉)」

군자의 학문은 귀로 들으면 그대로 마음에 삭이고, 신체에 정착하여 인격을 높이고, 그것이 행동으로 나타난다. 그러한 과정을 거쳤기 때문에 사소한 말이나 동작도 많은 사람의 거울이 될 수 있다. 이에 반해 소인의 학문은 귀로 들어가면 곧바로 입으로 나온다. 즉, 들은 대로 즉시 타인에게 말하고, 조금도 자신을 수양하는 양식으로 두지 않는다. 귀와 입 사이는 겨우 네 치인데 그 사이 동안만 신체에 머물러 있었던 것으로 된다.

공 자

옛 사람은 자신의 몸을 갈고 닦고 덕을 쌓기 위해 학문을 했으나, 요즈음은 배운 것을 남에게 가르쳐서 생활의 수단으로 하기 위해 학문을 하고 있다.

군자의 학문은 자신의 학덕을 높이기 위한 것인 데 반해 소인의 학문은 생활의 도구로 하기 위한 것이다. 순자(荀子)가 지적했듯이, 곧잘 다른 사람을 가르치고 싶어 하며, 모르는 바를 아는 체하는 것을 맹자는 이렇게 경계하고 있다.

「사람들의 병폐는 자기가 다른 사람의 스승이 되는 것을 좋아하는 데 있다」

《논어》 양화(陽貨)편에 다음과 같은 공자의 말이 있다.

「길에서 들은 것을 그대로 되받아 옮기는 것은 덕을 버리는 것이다(道聽塗說 德之棄也)」

「도청도설(道聽塗說)」은 길에서 들은 좋은 말을 마음에 간직하여 자신의 수양의 양식으로 삼지 않고 다음 길에서 곧 남에게 말해 버린다. 결국 「구이지학」과 같은 것으로, 이것은 스스로 덕을 버리는 것과 같다.

좋은 말은 모름지기 마음에 간직하고 자신의 것으로 만들어 덕을 쌓아야 한다는 뜻이다.

기장지무
旣張之舞

旣张之舞　　이미 旣 베풀 張 어조사 之 춤출 舞

이미 벌인 춤. 기왕 시작한 일이니 중간에 그만둘 수는 없다는 말.

이목구비
耳目口鼻

耳目口鼻　　귀 耳 눈 目 입 口 코 鼻

귀·눈·입·코를 아울러 이르는 말. 귀·눈·입·코 등을 중심으로 본 얼굴의 생김새.

단기지교
斷機之教

断机之教　　끊을 斷 베틀 機 갈 之 가르침 教

맹자의 어머니가 베틀의 실을 끊었다는 말로, 학문을 중도에서 그만두면 아무 쓸모가 없다는 뜻. 전한(前漢) 말 유향(劉向)이 지은 《열녀전(烈女傳)》에 있는 이야기다.

전국시대 추(鄒)나라의 철학자 맹자(孟子, 이름은 軻, BC 372?~BC 289?)는 성선설(性善說)을 바탕으로 인의(仁義)를 중시하는 왕도정치(王道政治)를 주창하였으며, 공자의 사상을 발전시켜 유교를 후세에 전하는 데 큰

영향을 끼친 당대 최고의 유학자였다. 어려서 아버지를 여의고 어머니 밑에서 자랐는데, 그 어머니는 아들 교육에 남다른 관심을 가진 사람이었다.

맹자는 학문에 전념할 나이가 되자 고향을 떠나 공부를 하였다. 그런데 어느 날, 기별도 없이 맹자가 집으로 돌아왔다. 마침 베틀에 앉아 베를 짜고 있던 어머니는 갑자기 찾아온 아들을 보고 기쁘기는 하였지만, 감정을 억누르고 아들에게 물었다.

「네 공부가 어느 정도 되었느냐?」

「아직 마치지는 못하였습니다」

맹자가 대답하자, 어머니는 짜고 있던 베틀의 날실을 끊어버리고는 아들을 꾸짖었다.

「네가 공부를 중도에 그만두고 돌아온 것은 지금 내가 짜고 있던 베의 날실을 끊어버린 것과 같은 것이다. 무엇을 이룰 수 있겠느냐?」

맹모단기교자도(孟母斷機教子圖, 清 화가 康濤)

맹자는 어머니의 이 말에 크게 깨달은 바가 있어 다시 스승에게로 돌아가 더욱 열심히 공부하였다. 그리하여 훗날 공자에 버금가는 유학자가 되었을 뿐 아니라 아성(亞聖)으로도 추앙받게 되었다. 「맹모단기(孟母斷機)」와 같은 말이다.

교 외 별 전
教外別傳 教外别传 가르침 敎 바깥 外 나눌 別 전할 傳

「가르침 바깥에 있는 특별한 가르침」이라는 뜻으로, 선종(禪宗)에서, 석가가 말이나 문자를 쓰지 않고 마음으로써 심원한 뜻을 전해 준 일을 이르는 말이다.

스스로 체득한 깨달음은 언어나 문자에 의한 가르침으로 전달할 수 없으므로 따로 마음에서 마음으로 그 깨달음을 전한다는 뜻이다. 몸소 체득한 깨달음 그 자체와 그것에 대한 언표(言表)는 전혀 별개이므로 언어나 문자에 의한 가르침을 떠나 마음에서 마음으로 그 깨달음을 전할 수밖에 없다는 뜻이다.

달마유녀이장도(達磨遊女異裝圖, 日화가 竹田春信)

달마(達磨)에 의해 중국에 전해진 조사선(祖師禪)에서는, 불교의 진수는 어떤 경전의 문구에도 의하지 않고, 마음에서 마음으로 직접 체험에 의해서만 전해진다고 말한다. 이는 불립문자(不立文字), 직지인심(直指人心)과 함께 선의 입장을 나타내는 대표적인 말이다. 석가가 언어로써 가르침을 전하는 것이 교내(敎內)의 법이라면, 교외(敎外)의 법은 석가의 마음을 직접 다른 사람의 마음에 전하는 것을 말한다.

이는 표월지(標月指 : 달을 가리키는 손가락이라는 뜻으로 불교의 한 일화에서 부처님 말씀을 비유하는 말)의 비유에 잘 나타나 있다. 즉 진리를 달에 비유한다면 교(敎)는 달을 가리키는 손가락에 지나지 않으며, 이에 반해 선(禪)은 달을 직접 체험하는 것이다. 다른 종파가 모두 교내의 법을 가르침에 반하여, 선종에서만은 교외의 법을 주장하는 것이 가장 뚜렷한 특징이다.

염화미소

비슷한 말로 이심전심(以心傳心), 심심상인(心心相印), 염화미소(拈華微笑), 불립문자(不立文字) 등이 있다.

상부상조
相扶相助

相扶相助 서로 相 도울 扶 도울 助

서로서로 도움.

장수선무
長袖善舞

长袖善舞 길 長 옷소매 袖 잘할 善 춤출 舞

「소매가 길면 춤을 잘 추고, 돈이 많으면 장사를 잘한다(長袖善舞多錢善賈)」에서 나온 말로, 무슨 일이든지 조건이 나은 사람이 큰 성과를 거둔다는 것을 비유한 말이다.

《한비자(韓非子)》 오두편에 있는 말이다.

한비 강학당

법가(法家)의 사상을 집대성한 중국 전국시대 말기의 정치사상가 한비(韓非, BC 280?~ BC 233)는 호남성 서쪽에 위치했던 한(韓)나라의 왕족출신이었다. 전국시대 한나라는 패권을 다투던 전국칠웅(戰國七雄) 중에서 가장 작고 힘이 약한 나라였다. 젊은 시절에는 훗날 진(秦)나라의 책사가 된 이사(李斯)와 함께 성악설(性惡說)을 주창한 순자(荀子)의 문하에서 학문을 배워 뒷날 법가(法家)의 사상을 집대성하였다.

한비는 당시의 정세를 논하는 사람들이 나라를 보존하기 위해 합종(合從) 또는 연횡(連衡)을 택하거나 다른 나라의 힘을 비는 것, 이 모두가 잘못된 방법임을 지적하며 다음과 같이 말하였다.

「지금 안에서는 법령을 시행하고 밖으로는 지혜로운 사람을 섬기지 않는다면 다스림이 강화되지 않을 것이다. 속담에 이르기를, 『소매가 길면 춤을 잘 추고, 돈이 많으면 장사를 잘한다(長袖善舞 多錢善賈)』 고 했다. 이는 자본이 풍부하면 일을 처리하기가 용이하다는 뜻이다. 때문에 강국을 다스릴 때는 도모하기가 쉽고 약하고 어지러운 나라에서는 계획을 세우기가 어려운 것이다. 그러므로 진나라와 같은 나라에서 쓰이는 사람은 열 번 계획을 바꾸어도 실패하는 일이 드물다. 그러나 연나라와 같은 작은 나라에서 쓰이는 사람은 한 번만 바꾸어도 성공하기가 힘들다.

이런 차이가 나는 것은 진나라에서 쓰이는 사람은 지혜롭고 연나라에서 쓰이는 사람은 어리석기 때문이 아니다. 대개 나라가 잘 다스려지고 있는가 아니면 어지러운가의 차이일 뿐이다. 그래서 주(周)나라는 진나라를 떠나 합종한 지 1년 만에 멸망하였고, 위(衛)나라는 위(魏)나라를 떠나 연횡한 지 반년 만에 망하였다」

즉, 얼마만큼 준비되고 풍부한가에 따라 그 미래가 결정된다는 말이다.

뇌봉전별
雷逢電別

雷逢电别 우레 雷 만날 逢 번개 電 다를 別

천둥같이 만나고 번개같이 작별한다. 잠깐 만났다가 곧 이별함.

뇌동부화
雷同附和

雷同附和 우레 雷 같이할 同 붙을 附 응할 和

우레 소리에 맞추어 천지 만물이 함께 울린다는 뜻으로, 자기 생각이나 주장 없이 덮어놓고 남의 의견에 동조한다는 말이다.

《예기(禮記)》 곡례편(曲禮篇)에 있는 말이다.

「다른 사람의 의견을 자신의 의견인 것처럼 생각하지 말고, 다른 사람의 의견에 동조하지 말라. 옛 성현들의 행동을 모범으로 삼고, 선왕의 가르침에 따라 행동해야 한다」

또 《논어》 자로편(子路篇)에 있는 말이다.

「공자가 이르기를, 군자는 화이부동하고 소인은 동이불화한다(子曰 君子和而不同 小人同而不和)」 곧 「군자는 화합하지만 부화뇌동하지 않

공자의 제자들

고, 소인은 부화뇌동하지만 화합하지 않는다」는 말이다. 이 말은, 군자는 의를 숭상하고 남을 자신처럼 생각하여 화합하지만, 소인은 이익만 따지므로 이해관계가 맞는 사람끼리 행동하여 사람들과 화합하지 못한다는 뜻이다.

「부화뇌동」에서 원래 뇌동(雷同)이란 우레가 울리면 만물도 이에 따라 울린다는 뜻으로, 다른 사람의 말에 대해 옳고 그름을 판단하지도 않고 부화하는 것을 비유하는 말이며, 부화(附和)는 이후 첨가된 말이다. 「부화뇌동」은 줄여서 「뇌동」이라고도 한다.

자신의 주체적인 의견과 객관적 기준을 도외시한 채 물질적 이해관계 또는 남의 주장이나 의견을 맹목적으로 추종하는 것을 경고하는 말로서, 소인배들의 행동이다.

髮短心長 (발단심장)

髮短心长　　터럭 髮 짧을 短 마음 心 길 長

머리털은 빠져 짧으나 마음은 길다는 뜻으로, 나이는 먹었지만 슬기는 많음을 일컬음. 《춘추좌씨전(春秋左氏傳)》

조 장 보 단
助長補短 助长补短 도울 助 길 長 기울 補 짧을 短

장점을 발전시키고 단점을 보완하는 것.

화 기 애 애
和氣靄靄 和气霭霭 온화할 和 기운 氣 아지랑이 靄

여럿이 모인 자리에 따스하고 부드러운 기운이 넘쳐흐르는 듯함.

비 이 장 목
飛耳長目 飞耳长目 날 飛 귀 耳 길 長 눈 目

먼 데 있는 것을 잘 보고 잘 듣는 귀와 눈이라는 뜻으로, 학문이나 사물에 대한 관찰의 넓고 날카로움을 이르는 말. 또는 그 도구의 뜻으로, 책을 두고 이르는 말.

1 목 木	2 인 人		심 心			3 각 刻	4 골 骨	난 難	
	생 生						경 鯁		
	5 조 朝	삼 三		6 사 四			지 之		
				7 주 柱		지 之			
									8 주 酒
9 시 始		여 如	10 일 一	자 字	11 천 千	12 금 金		탕 湯	지 池
					금 金				
	13 순 脣		지 知				14 목 目		림 林
15 존 存		지 之			16 소 笑	이 而	불부 不		
	치 齒								
17 세 歲		삼 三	우 友			18 포 庖	정 丁	해 解	

보기									
보	答	露	亡	忘	買	暮	薄	石	城
기	臣	識	葉	牛	肉	終	秋	八	寒

키워드

1가로 : 나무 인형에 돌 같은 마음이라는 뜻으로, 감정이 전연 없는 사람.

2세로 : 인생은 아침 이슬과 같다. 즉, 덧없고 허무하다는 뜻이다.

3가로 : 입은 은혜에 대한 고마운 마음이 뼈에까지 사무쳐 잊히지 아니함.

4세로 : 목구멍에 걸린 생선가시처럼 듣기에 괴로운 직언을 하는 강직한 신하.

5가로 : 아침에 세 개. 저녁에 네 개라는 뜻. 곧 당장 눈앞의 차별만을 알고 그 결과가 같음을 모름의 비유.

6세로 : 날(日)·(時)를 간지(干支)로 계산하여 길흉화복을 점치는 법.

7가로 : 주춧돌이 될 만한 신하.

8세로 : 술이 연못을 이루고 고기가 숲을 이룬다는 뜻으로, 호화롭고 사치스런 주연(酒宴)을 비유하는 말.

9가로 : 처음이나 나중이 한결같아서 변함없음.

10세로 : 하나의 나뭇잎을 보고 가을이 옴을 안다는 뜻으로, 조그마한 일을 가지고 장차 올 일을 미리 짐작함.

11세로 : 천금을 주고 웃음을 산다는 뜻으로, 쓸데없는 곳에 돈을 낭비함을 비유하는 말.

12가로 : 쇠로 만든 성과 그 둘레에 파 놓은 뜨거운 물로 가득 찬 못이라는 뜻으로, 방어시설이 잘되어 있는 성을 이르는 말.

13세로 : 입술이 없으면 이가 시리다는 말로, 서로 떨어질 수 없는 밀접한 관계.

14세로 : 「고무래를 보고도 정(丁) 자를 모른다」는 뜻으로, 글자를 모르는 무식한 사람을 일컫는 말. 不(불)

15가로 : 사느냐, 죽느냐의 중대한 시기. 삶과 죽음이 결정되는 절박한 때.

16가로 : 웃기만 할 뿐 대답을 하지 않음. 不(부)

17가로 : 추운 겨울철의 세 벗이라는 뜻으로, 추위에 잘 견디는 소나무·대나무·매화나무를 통틀어 이르는 말.

18가로 : 포정이 소를 바르듯 함. 즉 어떤 일에 뛰어난 솜씨를 일컬음.

풀 이

일 자 천 금
一字千金　一字千金　　한 一 글자 字 일천 千 돈 金

아주 훌륭한 글씨나 문장의 비유.

전국시대의 말엽, 천하의 제패를 노리는 열국(列國)의 제후들은 일예일능(一藝一能)에 뛰어난 자들을 객(客)으로서 다투어 불러 모았다. 이것이 소위 식객인 것이다.

그 중에서도 제(齊)나라의 맹상군은 수천, 초(楚)나라의 춘신군은 3천, 조(趙)나라의 평원군은 수천, 위(魏)나라의 신릉군은 3천이라 하여 서로 식객 수를 자랑했던 것이다. 그러나 이 식객들은 누구나 한 가지 심상치 않은 재주와 고집을 지니고 있는 인간으로 제후들도 그들을 자기 곁에 잡아두기 위해 적지 않은 신경을 써야 했다.

木	人	石	心			刻	骨	難	忘
	生						鯁		
	朝	三	暮	四			之		
	露			柱	石	之	臣		
				八					酒
始	終	如	一	字	千	金	城	湯	池
			葉		金				肉
	脣		知		買		目		林
存	亡	之	秋		笑	而	不	答	
	齒						識		
歲	寒	三	友			庖	丁	解	牛

<해 답>

예를 들어 가산(家産)을 탕진하면서 식객을 슬하에 모아 놓고 「천하의 선비를 동나게」 했다는 말까지 듣던 맹상군은 귀천의 구별 없이 전부 자기와 동등하게 대우하고, 또 그들과 이야기를 할 때는 언제나 서기를 병풍 뒤에 숨겨, 그들과 이야기하는 동안에 알

려지는 그들 친척들의 거처를 적게 한 다음 나중에 사람을 시켜 선물을 보내 주었다고 한다.

또 이런 이야기도 있다. 조(趙)의 평원군이 식객을 외교사절로서 초(楚)의 춘신군에게 보냈다. 평원군의 식객은 자기가 초나라에서 얼마나 우대를 받고 있는지를 자랑하고자 일부러 대모잠(玳瑁簪 : 거북이 등껍질로 만든 비녀)을 만들고, 패도(佩刀)에는 주옥을 상감(象嵌 : 무

신릉군

늬를 파서 그 속에 금·은·주옥 같은 것을 넣어 채우는 것)케 하여 화려한 옷차림으로 춘신군의 식객에게 대면을 청했다. 그런데 나타난 상대를 한번 본 순간 그는 앗! 소리와 함께 얼굴이 홍당무가 되고 말았다. 까닭은 춘신군의 식객들은 하나같이 주옥으로 상감한 신을 신고 있었던 것이다.

그런데 그 무렵, 제후에게 질세라 열을 올려가며 식객을 끌어 모은 또 하나의 사나이가 있었다. 한낱 상인으로서 몸을 일으켜 이제는 강국 진(秦)의 상국(相國 : 총리대신)이 되어 어린 왕인 정(政 : 뒤의 시황제)을 조종하여 정권을 손아귀에 쥐고 위세를 떨치고 있는 여불위(呂不韋 : 실은 시황제의 친아버지)가 바로 그 사람이었다.

시황제의 아버지 장양왕(莊襄王)이 첩의 소생인 탓에 조(趙)나라에 볼모로 붙잡혀 있었기 때문에 용돈에 궁한 생활을 하고 있는 것을 보고, 「진기한 보물이다. 차지해야 한다(此奇貨 可居)」 하고 눈독을 들여 막대한 투자를 하고 마침내 오늘의 영화를 획득한 여불위다.

여불위 묘

신릉군 · 춘신군 · 평원군 · 맹상군이 부지런히 식객을 모아들여 그 수효를 자랑하고 있는 것을 듣고서야 가만히 보고만 있을 수가 없었다.

「강대국인 우리 진(秦)나라가 이런 일에서 그놈들에게 얕보여서야 될 말인가?」

원래가 상인이라 돈을 물 쓰듯 해서 식객을 모았으므로 각처에서 모여든 자의 수가 3천에 달했다. 이쯤 되면 그의 욕심은 더욱더 부푼다. 이 무렵 각국에서 현자들이 저서를 내었는데, 특히 제(齊) · 초(楚)에 벼슬을 한 유학자 순경(荀卿 : 순자) 등이 탁세(濁世)를 한탄하여 수만 어의 책을 발간했다는 말을 듣자 「어디 두고 보자. 나도 한번 해보고 말겠다」하는 생각이 들었다. 그래서 식객들에게 명하여 만든 것이 20여만 어로 된 대작이다.

「어떠냐? 천지만물 고금의 일은 전부 이 안에 들어 있다. 이런 큰 사업을 내가 아니고 누가 할 수 있겠는가!」하고 기고만장한 그는 이 대작을 자기가 편집한 것으로 하여 《여씨춘추(呂氏春秋)》라 이름 붙였다.

더욱 흥미를 끄는 것은 그 후의 그의 처사였다. 여불위는 이《여씨춘추》를 수도 함양의 성문 앞에 진열시켜 놓고 그 위에 천금을 걸어두고서는 다음과 같은 광고판을 세웠다.

「능히 한 글자라도 이것을 보태고 빼고 하는 사람이 있으면 천금을 준다(有能增損一字者 予千金)」

즉 이 책의 문장을 첨삭(添削)할 수 있는 자에게는 한 자에 대해 천금의 상금을 주겠다는 것이다. 그야말로 사람을 무시해도 이만저만이 아니지만, 이것도 실은 상술에 밝은 여불위의 식객 유인책이었던 것은 말할 나위도 없다.

여기서 한 가지 대조적으로 여불위의 실제 아들인 진시황의 행패를 들지 않을 수 없다. 그것은 그 후 승상 이사(李斯)의 말만을 듣고 의약·복서(卜筮)·농경에 관한 책을 제외하고는 모두 불살라 버렸다는 사실이다. 참으로 아이러니컬한 일이라 하겠다.

목인석심
木人石心

나무 木 사람 人 같을 돌 石 마음 心

나무 인형(人形)에 돌 같은 마음이라는 뜻으로, 감정이 전연 없는 사람, 의지(意志)가 굳어 마음이 흔들리지 않는 사람을 이르는 말이다.

《진서(晉書)》 하통전(夏統傳)에 있는 이야기다.

서진(西晉) 때 사람 하통은 학문이 깊고 다재다능한 데다 달변이어서 그가 살고 있는 강남지방에서 이름을 떨치고 있었다. 그의 재능을 아깝게 여긴 주변 사람들이 벼슬하기를 권했지만 세속적인 명리에 초연한 그는 그런 얘기들을 귓전으로 흘려들었다.

하통이 볼일이 있어 수도인 낙양에 머물고 있던 때였다. 하루는 태위(太尉) 벼슬을 하고 있는 가충(賈充)이 하통을 찾아왔다. 가충은 원래 조조가 세운 위(魏)나라의 중신이었는데 위나라가 몰락하고 사마씨(司馬氏)가 서진 건국에 이바지한 공적 때문에 한창 위세를 떨치고 있는 사람이었다.

하통의 소문을 듣고 있던 가충은 그를 수하에 둠으로써 자기의 위세를 드높일 속셈으로 하통을 찾은 것이었다. 그러나 가충의 온갖 감언이설의 회유에도 하통은 요지부동이었다. 어떠한 말로도 하통을 움직일 수 없다는 걸 안 가충은 다른 방법을 써보기로 했다. 그는 이끌고 온 많은 군사를 집합시켜 대오를 가지런히 하고는 하통에게 사열을 하도록 하면서 말했다.

「당신이 내 부탁을 들어준다면 이 많은 군대는 당신이 지휘하게 되오. 그러면 당신의 모습이 얼마나 위풍당당할 것인지를 상상해 보시오」

하통은 여전히 가충의 말을 듣지 않았다. 그러자 이번에는 요염한 무희들을 불러다가 하통의 앞에서 춤을 추고 교태를 부리게 했다. 그리고 가충은 말했다.

「어떻소? 얼마나 아름다운 미인들이오. 벼슬자리를 받아만 준다면 이들 미인은 모두 당신 것이 되오」

이런다고 유혹에 넘어갈 하통은 아니었다. 울화통이 터진 가충은 이렇게 말했다.

「지위 · 권세 · 여색 세 가지에 마음이 움직이지 않는 놈은 세상에 없을 것이나, 이 사람은 정말로 나무로 만든 사람이고 돌로 만든 마음(木人石心)이군」

가충은 관직을 권할 것을 포기하고, 하통은 회계로 돌아갔다. 그 후의 일은 전해져 있지 않으나, 그 부동한 태도는 사람들에게 큰 감명을 주었다.

인생조로
人生朝露

人生朝露　　사람 人 살 生 아침 朝 이슬 露

인생은 아침이슬과처럼 덧없다는 말.

《한서(漢書)》 소무전(蘇武傳)에 있는 이야기다.

이릉과 소무

한무제(漢武帝)의 사신으로 흉노의 땅에 간 중랑장(中郞將) 소무(蘇武)는 그들의 내분에 휘말려 포로가 되었다. 항복을 거부하는 소무에게 흉노의 우두머리 선우(單于)가 말했다.

「숫양이 새끼를 낳으면 돌려보내 주겠다」며 북해(北海 : 바이칼호) 근방의 한 섬으로 추방했다. 그곳에서 들쥐와 풀뿌리로 연명하면서도 소무는 조국에 돌아갈 희망을 버리지 않았다.

그러던 어느 날, 한나라의 명장이며 친구인 이릉(李陵)이 소무를 찾아왔다. 이릉은 소무가 고국을 떠난 그 이듬해 5천여의 보병으로 5만이 넘는 흉노의 기병과 혈전을 벌이다가 중과부적(衆寡不敵)으로 참패한 뒤 부상, 혼절(昏絶) 중에 포로가 되고 말았다. 이릉은 선우의 빈객으로 후대를 받았으나 항장(降將)이 된 것이 부끄러워 감히 소무를 찾지 못하다가 이번에 선우의 특청으로 먼 길을 달려온 것이다. 이릉은 주연을 베풀어 소무를 위로하고 이렇게 말했다.

「자네가 이렇게 절조를 지킨다고 해서 알아줄 사람이 누가 있는가? 인생은 아침 이슬과 같다(人生如朝露)고 하니, 정말 덧없는 것이 아닌가. 그런데 어찌하여 자기를 이렇게 괴롭히고 있는가(何久自苦如此)?」

소무가 갖은 고생만 하다 결국 혼자 쓸쓸히 죽어갈 것을 염려한 이릉은 간곡히 권유하였다. 그러나 끝내 소무는 이릉의 말을 받아들이지 않았다. 소무의 지극한 충절에 감동한 이릉도 조용히 이별을 고하고 떠났다. 그 뒤 소제(昭帝)가 파견한 특사의 기지로 소무는 19년 만에 풀려나 다시 고국 땅을 밟았다.

각골난망
刻骨難忘 刻骨难忘 새길 刻 뼈 骨 어려울 難 잊을 忘

입은 은혜에 대한 고마운 마음이 뼈에까지 사무쳐 잊히지 아니함.

다른 사람에게 입은 은덕(恩德)에 대한 고마움이 마음속 깊숙이 사무치어 결코 잊을 수 없다는 뜻이다. 풀을 묶어서, 즉 죽어서라도 은혜를 갚는다는 뜻의 결초보은(結草報恩)이나 죽어서 백골이 되어도 그 은혜를 잊을 수 없다는 뜻의 백골난망(白骨難忘)과 비슷한 말이다.

골경지신
骨鯁之臣 骨鲠之臣 뼈 骨 생선뼈 鯁 갈 之 신하 臣

목구멍에 걸린 생선가시처럼, 임금이나 권력을 두려워하지 아니하며 바르게 말하고 행동하는 강직한 신하를 이르는 말이다.

《사기》 자객열전(刺客列傳)에,

「바야흐로 지금 오나라는 밖으로는 초나라 때문에 곤경에 처해 있고, 안으로는 직언하는 골경지신이 없으니(方今吳外困于楚, 而內無骨鯁之

臣)……」라고 하였다.

《한서》 두주전(杜周傳)에도,

「조정에 골경지신이 없다(朝無骨鯁之臣)」라는 구절이 있다.

「골경」은 생선가시라는 뜻으로, 목구멍에 걸린 생선가시처럼 듣기에 괴로운 직언(直言)을 하는 강직한 신하가 없다는 말이다.

또 당나라 때 한유는 「쟁신론(爭臣論)」에서,

한 유

「사방의 사람들과 후대 사람들로 하여금 조정에 직언하는 골경지신이 있고, 천자께서 상을 잘못 내리는 일이 없으며 신하의 간언에 물 흐르듯 따르는 아름다움이 있음을 알게 하여(使四方後代知朝廷有直言骨鯁之臣 天子有不僭賞從諫如流之美)……」라고 하면서, 간의대부(諫議大夫) 양성(陽成)이 정치의 잘못에 대해 직언해야 할 직무를 다하지 않음을 비판하였다.

朝三暮四 (조삼모사)

朝叁暮四　　아침 朝 석 三 저녁 暮 넉 四

아침에 세 개, 저녁에 네 개라는 뜻으로, 눈앞에 당장 나타나는 차별만을 알고 그 결과가 같음을 모른다는 말로, 간사한 꾀로 사람을 속여 희롱함을 이르는 말.

송나라에 저공(狙公)이라는 사람이 있었다. 저(狙)는 원숭이란 말이다.

열 자

그 이름대로 원숭이를 좋아해서 많은 원숭이를 사육하고 있었다. 그러다 보니 원숭이 사료에 들어가는 비용이 만만치 않았다. 그래서 저공은 원숭이에게 주는 먹이를 줄이기로 했다.

그래서 저공이 원숭이들에게 말했다.

「지금부터는 먹이를 아침에 세 개, 저녁에는 네 개로 한다」

그러자 원숭이들은,

「그러면 배가 고프다」 라고 하면서 화를 냈다.

저공이 다시 말했다.

「그러면 아침에 네 개, 저녁에는 세 개로 하면 어떻겠나?」

그러자 원숭이들은 좋아했다. 이 우화는 《열자》 황제(黃帝)에 있는 말이다. 《장자》 의 제물론에도 나와 있다. 그러나 비유한 의미는 다소 다르다.

《열자》 의 경우는,

「『조삼모사』 나 『조사모삼』 이 실질적으로는 같으면서 원숭이들은 조삼을 싫어하고 조사를 좋아하였다. 지자(知者)가 우자(愚者)를 농락하고 성인이 중인(衆人)을 농락하는 것도 저공이 지혜로써 원숭이들을 농락한 것과 같다」 라고 맺고 있다.

《장자》 의 경우는 농락당하는 자들의 입장에서,

「공을 들여 같은 하나를 이루고도 그것이 같다는 것을 모르는 것을 조삼이라고 한다」라고 말하고, 그 뒤에 이 「조삼모사」의 고사를 들어 시비선악(是非善惡)에 집착하는 자가, 달관(達觀)을 하면 하나라는 것을 모르고, 쓸데없는 편견을 갖게 된다는 비유로 삼고 있다. 그러나 현재 쓰이고 있는 「조삼모사」는 저공이 원숭이를 농락했다는 데서부터 「사람을 농락하여 그 수작 속에 빠뜨리는 것」이라든가, 「사술로써 사람을 속이는 것」이라든가 하는 의미로 쓰이고 있다.

장 자

四柱八字 (사주팔자)

四柱八字　　넉 四 기둥 柱 여덟 八 글자 字

사주의 간지(干支)에 따라 사람의 운명이 선천적으로 결정된다는 것. 사람이 출생한 연·월·일·시(年月日時)를 사주라 하고 간지가 각각 두 자씩이므로 팔자라 한다.

사주는 음양(陰陽)과 오행(五行)의 조화 여부를 보아 운명의 길흉(吉凶)을 판단하게 된다. 이는 사람의 일생을 운명론적으로 보는 데서 나온 생각이다. 이러한 인생관은 자칫 사람의 모든 행불행(幸不幸)을 사주팔자로 돌리고 주체적 · 창조적 개척정신을 마비시키는 결과를 가져온다.

기독교나 불교의 입장에서는 사주에 따라 운명이 결정되는 것으로 보지 아니하며 자기의 마음과 행동 여하에 따라 얼마든지 개척해 갈 수 있는 것으로 보고 있다.

주석지신
柱石之臣 柱石之臣 기둥 柱 돌 石 갈 之 신하 臣

나라의 기둥이 되고 주추가 될 정도로 가장 중요한 구실을 하는 신하.

주지육림
酒池肉林 酒池肉林 술 酒 연못 池 고기 肉 수풀 林

말 희

술이 연못을 이루고 고기가 숲을 이룸. 즉 향락이 극에 달한 방탕한 생활을 이르는 말. 폭군의 대명사처럼 불리는 걸 · 주(桀紂)의 음란 무도한 생활을 단적으로 표현한 말이다.

하(夏)의 걸, 은(殷)의 주 두 왕은 고대 중국에 있어서 폭군 음왕의 전형이었다. 그들은 다 같이 보통 이상으로 재능과 무용(武勇)을 지녔음에도 불구하고, 그 최후는 말희(妺嬉)와 달기(妲己)라는 음부에게 마음을 빼앗겨 이성을 잃고 주색의 향락에 탐닉해서 몸을 망치고 나라를 잃었던 것이다.

그들은 총애하는 여성의 환심을 사기 위해 제왕으로서 자기들에게 주어진 권력과 부를 사치와 음일(淫佚)로 일삼았다. 「주지육림」의 놀이라는 것도 이 제왕의 절대적인 권력과 부(富)의 배경 없이는 도저히 생각할 수 없는 호사한 「유희」의 하나였다.

《십팔사략》에 걸에 대해서 다음과 같은 이야기가 있다.

음란 무도한 걸 · 주

걸은 탐욕스럽고 포학했으며, 힘은 구부러진 쇠고리를 펼 정도였다. 유시(有施)씨의 딸 말희를 사랑해서 그녀의 말이라면 다 들어주었다.

옥과 구슬로 꾸민 궁전을 만들어 백성들의 재물을 고갈시켰다. 고기는 산처럼 쌓이고(肉山), 포는 숲처럼 걸려 있었으며(脯林), 술로 만든 못에는 배를 띄울 수가 있었고, 술지게미가 쌓여서 된 둑은 십리까지 뻗어 있었다. 한 번 북을 울리면 소가 물마시듯 술을 마시는 사람이 3천 명이나 되었다. 그것을 보고 말희는 좋아했다는 것이다.

또 《사기》에는 걸에 대해서는 그다지 구체적인 예를 들지 않고 있으나 주에 대해서는 자세히 말하고 있다. 그는 구변이 좋고 몸이 날랬다. 보는 눈과 듣는 귀는 남보다 빨랐다. 힘이 장사여서 손으로 맹수를 쳐 죽였다. 그의 지혜는 간하는 말을 충분히 물리칠 수 있었고, 그의 구변은 자기의 그릇된 행동을 정당화시킬 수 있었다. 그래서 신하들에게 자기의 훌륭함을 자랑하고 자기의 위대한 이름이 천하에 널리 알려진 데 우쭐대고 있었다.

포락지형

그는 술을 좋아하고 또 여자를 좋아했다. 특히 달기라는 여자를 사랑해서 그녀의 말이라면 들어주지 않는 것이 없었다. ……그는 사구(沙丘)에다 큰 유원지와 별궁을 지어 두고, 많은 들짐승과 새들을 거기에 놓아길렀다. ……술로 못을 만들고 고기를 달아 숲을 만든 다음(以酒爲池 懸肉爲林) 남녀가 벌거벗고 그 사이를 서로 쫓고 쫓기고 하며 밤낮 없이 계속 술을 퍼마시고 즐겼다.

백성들의 원성이 높아지고 제후들 중에 배반하는 사람이 생겼다. 그러자 주는 형벌을 무섭게 함으로써 이를 막을 생각으로 포락지형(炮烙之刑)이란 것을 창안해 냈다는 것이다. 이와 같은 사치한 생활의 연속은 곧 국고를 바닥나게 했으며, 인심의 이탈을 불러일으켜 하왕조의 멸망을 가져오게 한 것도 필연적인 것이었다.

「은의 거울이 먼 데 있었던 게 아닌 것이니, 하나라 망국의 임금 걸왕 때를 거울삼아야 하니라(殷鑑不遠 在夏后之世)」

사치일락을 삼가는 서백(西伯)을 비롯한 충의지사들의 간언을 듣기는 커녕 오히려 걸왕의 행동을 몽땅 내 거울로 삼고 은의 주왕 또한 사치일락을 일삼았던 것이다.

시 종 여 일
始終如一

始终如一　　처음 始 끝날 終 같을 如 한 一

처음과 끝, 시작과 마무리가 한결같아야 한다는 의미. 모든 일을 하는데 있어서 용두사미(龍頭蛇尾)가 되지 않도록 처음 시작과 같이 마무리가 잘 이루어져야 한다는 뜻이다.

일 엽 지 추
一葉知秋

一叶知秋　　한 一 나뭇잎 葉 알 知 가을 秋

「일엽낙지천하추(一葉落知天下秋)」에서 온 말이다. 나뭇잎 하나가 떨어지는 것을 보고 온 천하가 가을인 것을 안다는 뜻이다. 즉 작은 한 가지 일로써 전체가 어떻다는 것을 알 수 있다는 뜻이다.

《회남자》 설산훈편에 이런 말이 있다.

「나뭇잎 하나 떨어지는 것을 보고 해가 장차 저물려는 것을 알고, 병 속의 얼음을 보고 천하가 찬 것을 안다. 가까운 것으로써 먼 것을 말하는 것이다」

이것은 분명히 작은 일을 보고 전체를 살필 수 있다는 것을 이렇게 비유해서 말한 것이다. 또 이자경(李子卿)의 「추충부(秋虫賦)」에는, 「나뭇잎 한 잎이 떨어지니 천지가 가을이다(一葉落兮天地秋)」라고 했고, 또 《문록(文錄)》에는, 「당나라

일엽지추(一葉知秋, 淸 화가 임훈)

사람의 시를 실어 말하기를 『산의 중이 육갑을 헤아릴 줄 몰라도 나뭇잎 한 잎이 떨어지면 천하가 가을인 것을 안다』 고 했다」 라고 했다.

갑자(甲子)는 곧 육갑(六甲)이란 말과 같은 말로 옛날에는 달과 날을 육갑으로 계산했기 때문에 달과 날이 가는 것을 모른다는 것을 갑자를 헤아릴 줄 모른다고 한 것이다.

위에서 말한 모두가 작은 일을 가지고 대세를 알 수 있다는 뜻으로 쓰이고 있다. 그러나 「일양내복(一陽來復)」의 경우와는 반대로 흥왕하고 있는 가운데 쇠망의 조짐이 보이는 경우 그것을 가리켜서 「일엽낙지천하추」라고 말한다. 약해서 「일엽지추」라고 한다.

千金買笑 (천금매소)

千金买笑　　일천 千 금 金 살 買 웃음 笑

천금을 주고 웃음을 산다는 뜻으로, 쓸데없는 곳에 돈을 낭비함을 비유하는 말이다. 《동주열국지(東周列國志)》에 있는 이야기다.

서주(西周)의 마지막 임금 유왕(幽王)은 요희인 포사(褒姒)에게 빠져, 왕후 신씨와 태자 의구(宜臼)를 폐한 다음, 포사를 왕후로 세우고 그녀가 낳은 백복(伯服)을 태자로 세웠다. 그런데 돈에 팔려 남의 속죄의 대가로 궁중에 들어오게 된 그녀가, 불과 몇 해 사이에 여자로서 더 바랄 것이 없는 영광된 위치에 오르게 되었건만, 그녀는 일찍이 한 번도 입술을 열어 웃는 일이 없었다.

유왕은 그녀의 환심을 사기 위해 악공을 불러 음악을 들려주고 궁녀들을 시켜 춤을 추어 보였으나 전혀 기뻐하는 기색이 없었다. 심지어 비단 찢는 소리에 웃지나 않을까 하여, 매일 백 필의 비단을 그녀 곁에서 찢었지만 소용이 없었다.

지혜를 짜내기에 지친 유왕은, 「궁 안과 궁 밖을 묻지 않고, 왕후로 하여금 한번 웃게 하는 사람은 천금의 상을 내리리라」 고 하였다. 그러자 포사의 주변인 괵석보(虢石父)가 말하기를, 「봉화(烽火)를 올렸다가 제후들이 허탕치고 돌아가는 것을 보면, 혹 웃을지 모르겠습니다」 하였다.

포 사

그것은 봉화를 올려 기내(畿內)에 있는 제후들로 하여금 군대를 동원해 밤을 새워 달려오게 한 다음, 적이 침입해 온 일이 없는 것을 알고 어이없어 뿔뿔이 흩어져 돌아가는 것을 보면 웃지 않을 수 없을 것이라는 것이었다. 그 신하에 그 임금이라, 유왕은 많은 지각 있는 신하들의 간하는 말도 듣지 않고 괵석보의 생각대로 포사와 함께 여산(驪山) 별궁으로 가 놀며 저녁에 봉화를 올렸다.

가까운 제후들은 예정된 약속대로 도성에 도적이 침입해 온 줄 알고 저마다 군대를 거느리고 밤을 새워 즉시 여산으로 달려왔다.

여산 별궁에서 음악이 울리고 술을 마시며 포사와 함께 즐기고 있던 유왕은 사람을 보내 제후들에게 이렇게 말을 전했다.

「다행히 밖의 도둑은 없으니 멀리서 수고할 것까진 없는 걸 그랬소」

제후들은 어이가 없어 서로 얼굴만 바라보다가 깃발을 둘둘 말아 수레에 싣고 부랴부랴 돌아갔다. 봉화 불에 속아 하릴없이 달려왔다가 허탕을 치고 돌아가는 제후들의 뒷모습을 누각 위에서 바라보던 포사는 저도 모

유왕의 봉화대

르게 손바닥을 치며 깔깔대고 웃었다.

그녀의 그런 웃는 모습을 바라보던 유왕은,

「사랑하는 그대가 한번 웃으니 백 가지 아름다움이 솟아나는구려. 이 모두가 괵석보의 공이다」 하고 그에게 약속대로 천금 상을 내렸다.

그후 얼마 지나지 않아 유왕은 죽임을 당하고 서주는 망하였다. 포사를 위한 거짓 봉화를 너무 자주 올린 대가였다. 정작 견융(犬戎)이 침입하였을 때에는 제후들이 응하지 않았기 때문이다.

《동주열국지》에는 이렇게 이야기를 마치고 나서, 「지금까지 속담으로 전해 내려오는 『천금으로 웃음을 산다』는 말은 대개 여기에서 나온 것이다(至今俗語相傳 千金買笑 蓋本於此)」라고 덧붙이고 있다.

금성탕지
金城湯池 金城汤池 쇠 金 성 城 끓을 湯 못 池

쇠로 만든 성과 그 성을 둘러싸고 있는 끓는 연못이라는 뜻으로, 방어시설이 아주 튼튼한 성을 말한다.

전국의 난세를 통일해서 공전의 대제국이 된 진(秦)도 시황제가 죽고 암

우한 2세 황제가 즉위하자, 점차 토대가 흔들리기 시작하여 각지에 잠복하고 있던 전국시대의 여섯 강국의 종실·유신(遺臣)들이 하나 둘씩 고개를 들고 진 타도를 위해 일어섰다.

《한서》 괴통전에 있는 이야기다.

진나라 말기 농민군의 수령 진승(陳勝)의 수하에서 부장으로 있던 무신이란 사람이 조(趙)의 구 영지인 산서성을 평정해서 무신군(武信君)이라 칭하고 범양(范陽 : 하북성)을 위협하고 있을 때였다. 이때 구변이 좋아 변사라고 불리던 괴통(蒯通)이란 범양의 논객이 현령인 서공(徐公)을 찾아가 이런저런 변설로 회유해서 서공으로 하여금 아무런 항거도 하지 않고 범양을 내놓게 해서 그의 목숨을 건지게 한 일이 있었다.

괴 통

괴통은 아군이 도착하기 전에 먼저 서공을 찾아가 말했다.

「당신은 지금 극히 위험한 상태에 처해 있어 딱하기 짝이 없습니다. 그러나 내 말을 듣는다면 전화위복(轉禍爲福)이 될 것입니다. 아주 경사스러운 일입니다. 공(公)이 범양을 쳐서 항복한 현령을 업신여긴다면, 변방에 있는 성의 장상(將相)들 모두 『먼저 항복하면 범양 현령처럼 취급당할 것이다』 하고 반드시 성을 굳게 지킬 것이니, 끓는 못에 둘러싸인 철벽성(金城湯池)처럼 될 것입니다. 그리 되면 공격할 수 없으니, 군께서 계책을 내어 범양 현령을 황옥주륜(黃屋朱輪)으로 맞이하는 것이 좋을 것입니다. 그러면 변방의 다른 장상들도 모두 싸우지 않고 항복할 것입니다」

서공(徐公)은 기뻐했다. 곧 괴통을 무신군에게 보냈다. 무신군도 괴통의 말을 듣고 「그럴 듯하다」고 탄복하고 범양의 현령을 따뜻하게 맞아서 각지로 사신을 보냈다. 범양의 백성들은 전화(戰禍)를 면하자 서공의 덕이라 칭송하고, 싸우지 않고 무신군에게 항복한 자가 화북에서만도 30여 성(城)이나 되었다고 한다.

또한 《사기》에는 「시황제도 관중(關中)의 땅을 금성천리(金城千里)의 땅이라 생각했다」는 말이 있다.

또 《한서》에는 「석성십인(石城十仞 : 1仞은 한 발), 탕지백보(湯池百步)」라는 말이 있고, 《후한서》에도 「금탕(金湯)의 험(險)을 잃다」라는 말이 나온다.

脣亡齒寒 (순망치한)

脣亡齿寒　입술 脣 망할 亡 이빨 齒 차가울 寒

입술이 없어지면 이가 시리다. 즉 서로 의지하고 있어 한쪽이 사라지면 다른 쪽도 안전을 확보하기 어려운 관계를 나타내는 말.

《춘추좌전》희공 5년에 있는 이야기다.

춘추시대 말엽 진헌공(晋獻公)이 괵(虢)을 치기 위해 우(虞)나라에 길을 빌려 달라고 청을 넣었다. 우나라를 거쳐야만 괵으로 갈 수 있었기 때문이다. 진헌공은 순식(荀息)을 보내 천하에 이름이 알려져 있는 명마(名馬)와 구슬을 우나라 임금에게 뇌물로 바치고, 진나라와 우나라와의 형제의 우의를 거짓 약속하며 청을 받아줄 것을 간청하게 했다. 주혜왕(周惠王) 32년(BC 655)의 일이다.

우나라 임금은 뇌물이 탐이 나는 데다 진나라의 제의 또한 솔깃해서 순순히 청을 받아들이려 했다. 그러나 진나라의 속셈을 빤히 들여다보고 있는 궁지기(宮之奇)란 신하가 이를 말렸다.

진헌공의 고굉지신 순식

「괵나라는 우나라의 울타리입니다. 괵이 망하면 우도 반드시 따라 망하게 됩니다. 진나라를 끌어들여서는 안됩니다. 침략자와 행동을 같이해서는 안됩니다. 전에도 한 번 그런 실수를 했는데, 똑같은 실수를 두 번 다시 되풀이해서 되겠습니까. 속담에 이른바 『덧방나무(輔)와 수레는 서로가 의지하고, 입술이 없어지면 이가 시리다(輔車相依 脣亡齒寒)』고 한 말이 바로 우와 괵을 두고 한 말입니다」

「아니오. 진(晋)은 우리의 종국(宗國)이니 해를 가할 리 없소」

우공이 태평스런 소리를 하자 궁지기는 다시 설득했다.

「가계(家系)를 말씀하신다면 괵나라 역시 동종(同宗)입니다. 그런데 어찌 우하고만 친하겠습니까. 거기다 진은 종조(從祖) 형제가 되는 환공(桓公), 장공(莊公)의 일족을 죽이지 않았습니까. 아무리 친하다 해도 이처럼 믿을 수가 없습니다」

「그러나 나는 신(神)을 모시는데, 언제나 훌륭한 희생을 바쳐, 깨끗하게 살고자 애를 쓰고 있으므로 신이 날 보호해 주실 거요」

「신(神)은 아무나 친애하지는 않습니다. 그 사람의 덕을 보아 친애합니다. 덕이 없으면 백성이 편안하지도 못하고, 신도 제사를 받아들이지 않습니다. 신만을 믿어서는 안됩니다」

그러나 우공은 순식의 달콤한 소리와 뇌물에 마음이 팔려 궁지기의 말이 들리지 않았다. 궁지기는 나라가 망할 것을 알고 후환이 두려워 가족을 데리고 다른 나라로 떠나버렸다. 그때 그는 말하기를,

「우나라는 한 해를 넘기지 못할 것이다」 라고 했다.

과연 그 해 8월에 진나라는 괵으로 쳐들어가 이를 자기의 땅으로 만들어 버리고 돌아오는 길에 우나라마저 기습해서 자기 것을 만들고 말았다. 미끼로 던져 주었던 명마와 구슬도 땅과 함께 도로 진나라로 돌아갔다.

여기에 나오는 두 나라 관계와 같은 경우를 가리켜 「순망치한」 이라 한다. 또 「가도멸괵(假道滅虢)」 즉 「길을 빌려서 괵을 멸하다」 라는 말도 나왔다.

목불식정 目不識丁

目不识丁　　눈 目 아닐 不 알 識 고무래 丁

고무래를 보고도 정자(丁)를 알지 못한다는 뜻으로, 일자무식인 사람을 가리키는 말. 고무래는 곡식이나 재를 긁어모으거나 펼칠 때 사용하는 「丁」 자 모양의 기구이다. 우리 속담에 「낫 놓고 기역자도 모른다」 는 말과 뜻이 통하는 말이다.

《구당서(舊唐書)》 에 있는 이야기다.

당(唐)나라 때 지방에 절도사로 파견된 장홍정(張弘靖)이라는 사람이 있었다. 그는 음직(蔭職 : 과거를 거치지 않고 조상의 혜택으로 얻은 관직)으로 벼슬길에 올라 노룡절도사(盧龍節度使)가 되어 유주(幽州 : 지금의 북경)에 부임하였다. 그곳은 국경지역이기 때문에 대장과 사병들은 생사고락을 같이하면서 검소한 생활을 하였다.

그러나 홍정은 그런 풍토를 알지 못한 채 군대를 순찰할 때도 교자(轎

子)를 탔고, 더욱이 그의 종사관들은 대장의 위세를 믿고 방약무인(傍若無人)한 행동은 걷잡을 수 없었다.

보다 못한 주위 사람들이 이를 간하기라도 하면, 「글자도 모르는 목불식정(目不識丁)한 놈들 같으니라고!」 하고 오히려 면박을 주기 일쑤였다. 마침내 참다못한 부하 관리들이 반란을 일으켜 장홍정을 잡아 가두었다. 이 소식을 들은 황제는 장홍정의 직책을 박탈하고 이렇게 말했다.

목불식정

「그놈이야말로 목불식정이로구나!」

제대로 배우지 않아 아는 것이 없으면 그만큼 세상을 보는 눈이 좁아진다는 말이다. 그러나 배웠으면서도 무지한 행동을 하는 것은 한층 더 나쁘다. 「목불식정」은 배움이 없다는 뜻보다는 오히려 배운 사람이 무지한 행동을 하는 것을 가리켜 한 말이다.

존 망 지 추
存亡之秋 存亡之秋 있을 存 망할 亡 의 之 때 秋

「사느냐 죽느냐 하는 위급한 시기(危急存亡之秋)」에서 나온 말이다. 추(秋)는 가을이란 뜻도 되지만, 시기라는 뜻으로도 쓰인다. 곧 국가의 운명에 관한 중요한 시기라는 말이다. 제갈량의 「출사표(出師表)」에 있는 말이다.

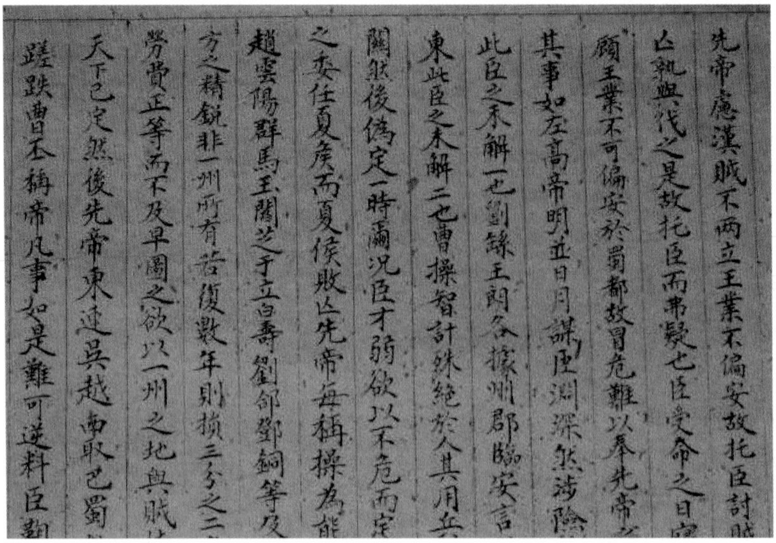
先帝慮漢賊不兩立王業不偏安故托臣討賊
亡孰與伐之是故托臣而弗疑也臣受命之日寢
顧王業不可偏安於蜀都故冒危難以奉先帝之
其事如左高帝明並日月謀臣淵深然涉險
此臣之未解一也劉繇王朗各據州郡論安言
東此臣之未解二也曹操智計殊絕於人其用兵
闕然後偽定一時爾況臣才弱欲以不危而定
之委任夏侯而夏侯敗亡先帝每稱操為能
趙雲陽群馬玉閻芝丁立白壽劉郃鄧銅等及
方之精銳非一州所有若復數年則損三分之二
勞費正等而不及早圖之欲以一州之地與賊
天下已定然後先帝東連吳越西取巴蜀
蹉跌曹丕稱帝凡事如是難可逆料臣鞠

후출사표

유현덕의 삼고초려의 정성에 감동되어 스물일곱 살 젊은 나이로 세상에 떨치고 나온 제갈량은 현덕을 도와 촉한의 기반을 다지고, 통일천하의 사명감에 있는 힘과 지혜를 다 기울였으나, 촉한은 삼국 중에서도 오히려 열세에 놓인 채 현덕이 일찍 죽고 만다.

이리하여 제갈량은 내정과 더불어 서남방을 평정하여 후방의 염려를 없앤 다음 조조의 위(魏)나라와 결전을 감행하게 된다.

출정에 앞서 용렬한 후주(後主) 유선(劉禪)에게 출정의 동기와 목적을 밝힌 표문이 바로 이 「출사표」 다. 그러나 첫번째 출정은 뜻을 이루지 못하고 돌아왔다.

그리하여 이듬해 다시 출정을 하게 되는데, 이때 바친 것이 이른바 「후출사표」 다. 그러나 이 출정에서도 제갈량은 목적을 이루지 못하고 병으로 진중에서 죽게 된다.

이 「출사표」 첫머리에 이 「위급존망지추」 란 말이 나온다.

「선제께서 한실(漢室) 부흥의 사업을 시작하시고, 아직 그 반도 이루지 못한 채 도중에 세상을 떠나시고, 지금 천하가 셋으로 나뉘어져 있는데, 그 중에서도 촉한의 익주 백성이 가장 지쳐 있으니, 지금이야말로 살아남느냐 망하느냐 하는 위급한 때입니다……」

출사표는 전·후 둘이 있기 때문에 「전출사표」 「후출사표」로 구분해 부르게 되고, 둘을 합쳐 「출사이표(出師二表)」라고도 한다.

《삼국지》 촉지 제갈량전에는 물론이고, 《문선》 《문장궤범》 《고문진보 후집》 등에 수록되어 있다. 촉한으로 정통을 주장하는 학파가 후세에 한동안 우세했던 이면에는, 제갈량의 이 「출사표」에 감명을 받은 학자들 때문이라고 할 정도로 이 「출사표」의 내용과 문장은 감명적이다.

제갈무후

笑而不答 (소이부답)

笑而不答　　웃을 笑 어조사 而 아닐 不 답할 答

웃기만 할 뿐 대답을 하지 않는다. 남에게 질문을 받고 대답하기 싫어하거나 곤란할 때의 태도. 유유자적(悠悠自適)한 심정의 상태.

당나라 시인 이백(李白)의 유명한 시 「산중문답(山中問答)」에서 유래한 말로서, 말 대신 웃음으로 답하는 모습을 가리키는 표현이다.

왜 푸른 산에 사느냐 묻는다면
말없이 그저 웃겠지만 마음은 스스로 한가롭다네.
복숭아꽃 물 따라 멀리 흘러가는 곳

따로 세상이 있지만 인간세상은 아니로세.

問余何事栖碧山　문여하사서벽산
笑而不答心自閑　소이부답심자한
桃花流水杳然去　도화유수묘연거
別有天地非人間　별유천지비인간

이백 옛집의 이백 조상(彫像)

이 작품은 원래 자연에 묻혀 사는 즐거움에 대해 노래한 소박한 자연시다. 그런데 작품이 담고 있는 시상(詩想)이나 심상(心想)이 대단히 선취(仙趣)가 넘쳐흐르면서 도가적(道家的) 풍류가 스며 있어 오랜 기간 음유되어 왔다. 유언(有言)의 물음에 대해 무언(無言)의 대답을 함으로써 마음속에 깃들여 있는 운치를 다 토로하는 것이다.

특히 셋째, 넷째 구절에서 보여주는 독특한 정취는 무릉도원의 신비로운 경관을 그대로 재연한 부분으로 색다른 정취를 느끼게 한다.

여기서 또한 「별유천지비인간(別有天地非人間)」이란 표현도 나온다.

歲寒三友 (세한삼우)　岁寒叁友　해 歲 찰 寒 석 三 벗 友

추운 겨울의 세 벗이라는 뜻으로, 겨울철 관상용(觀賞用)의 세 가지 나무, 곧 소나무·대나무·매화나무(梅花). 퇴폐(頹廢)한 세상에서 벗으로 삼을 세 가지 것, 곧 산수(山水)·송죽(松竹)·금주(琴酒). 매(梅)·죽(竹)·수선(水仙).

세한삼우도

세한(歲寒)은 일 년 중 추운 계절인 겨울. 또는 고통스런 시대나 난세(亂世)의 뜻도 있다. 겨울철 관상용의 세 가지 나무인 송죽매(松竹梅)는 흔히 동양화의 화제(畵題)가 된다. 난세의 세 친구에 산수(山水)·송죽(松竹)·금주(琴酒)가 있다.

포정해우 庖丁解牛

庖丁解牛 부엌 庖 사내 丁 풀 解 소 牛

솜씨가 뛰어난 포정(백정)이 소의 뼈와 살을 발라낸다는 뜻으로, 신기(神技)에 가까운 솜씨를 비유하거나 기술의 묘(妙)를 칭찬할 때 비유하여 이르는 말. 「포정(庖丁)」은 전국시대의 이름난 백정의 이름이고, 「해우(解牛)」는 소를 잡아 뼈와 살을 발라내는 것을 말한다. 그러므로 「포정해우」라고 하면 기술이 매우 뛰어남을 가리키게 되었다.

《장자(莊子)》 양생주편(養生主篇)에 있는 이야기다.

전국시대 때 양(梁)의 문혜군(文惠君 : 혜왕)의 집에 포정(庖丁)이라는 요리사(庖)가 있었다. 그는 소를 잡아 다루는 솜씨가 아주 능란해서 소의 몸에 왼손을 가볍게 대고, 왼쪽 어깨를 슬며시 갖다 댄다. 그 손을 대고 어깨를 대며 또 한 다리를 버티고 서 있는 품, 무릎을 굽힌 품에 이르기까지 아주 훌륭하기 짝이 없는데다가 칼을 움직이기 시작하면 뼈와 살이 멋지게 떨어져 잘려진 고깃덩이가 털썩 하고 땅에 떨어진다. 이어서 칼의 움직임에 따라 버걱버걱 소리를 내며 살이 벗겨진다. 모든 것이 아주 리드미컬해서, 옛날 무악(舞樂)이었던 「상림지무(桑林之舞)」나 「경수지회(經首之會)」를 생각할 정도였다.

그래서 문혜군도 감탄하며, 「정말 굉장하구나! 재주라고는 하지만 명인이 되면 이 정도까지 된단 말인가!」했다.

그러자 포정은 칼을 곁에 놓고 한숨을 쉬면서 말했다.

포정해우

「아닙니다. 제가 바라는 것은 도(道)이지 한낱 재주가 아닙니다. 물론 저도 처음 소를 잡을 때는 소에게 마음이 끌려 제대로 손도 대지 못했었습니다. 그러다가 3년쯤 지나는 동안 소 전체의 육중한 모양은 걱정하지 않게 되었습니다. 본능적인 감각을 움직여서 오관(五官 : 耳·目·口·鼻·形)의 기능이 정지되고, 정신력만 남게 되었습니다. 하면 할수록 소의 몸에 있는 자연의 이치에 따라 커다란 틈새에 칼을 넣고 커다란 구멍으로 칼을 이끌어 전혀 무리한 힘을 쏟지 않게 되는 것입니다. 그래서 이제까지 단

한 번도 칼날이 긍경(肯綮)에 닿은 적이 없었습니다. 더구나 커다란 뼈에 칼을 맞부딪친다는 것은 생각도 할 수 없는 일입니다」

소를 바르는 포정

「긍경(肯綮)」의 긍(肯)은 뼈에 붙은 살, 경(綮)은 심줄과 뼈가 한데 엉킨 곳, 그러니 「중긍경(中肯綮)」하면 일의 급소 요소에 닿는다는 뜻으로 쓰인다. 포정(庖丁)의 경험담은 다시 계속된다.

「솜씨가 좋은 요리사는 어쩌다 칼을 부러뜨리는 정도니까 일 년에 칼 한 자루면 충분하지만, 서툰 요리사는 흔히 칼날을 단단한 뼈와 부딪혀 칼을 부러뜨리므로 한 달에 한 자루의 칼이 필요하게 됩니다. 그러나 저는 이 칼을 쓰기 시작하여 19년 동안 몇 천 마리의 소를 잡았는지 기억조차 없습니다. 보시는 바와 같이 칼날은 방금 세운 듯 번쩍이고, 이도 하나 빠지지 않았습니다. 소의 뼈마디에는 틈이 있어 칼을 그 틈에 맞추어 넣으면 무리 없이 아주 편하게 칼을 쓸 수가 있습니다. 물론 저도 심줄과 뼈가 엉킨 곳에 손을 댈 때에는 이건 어렵구나 하는 생각이 들어 마음을 가다듬고 한참 들여다보다가 천천히 그리고 조심조심 칼을 움직이죠」

	1 가 街	2 담 談		설 說		3 불 不		4 이 二	군 君
								도 桃	
	5 도 道	자 自		6 기 杞		7 양 養			
	8 방 傍	약 若		인 人		9 호 虎		삼 三	소 笑
								사 士	
	리 李		10 내 內	우 憂	11 외 外	환 患			
	12 미 未		외 外		내 內		13 문 聞		
14 유 柔	능 能		강 剛		15 빈 貧	자 者	일 一		
16 세 世	속 俗	오 五				17 삼 三	십 十	육 六	

보기									
	溪	戒	計	苦	燈	免	無	事	殺
	笑	遺	柔	制	知	之	巷	華	

키워드

1가로 : 길거리나 세상 사람들 사이에 떠도는 이야기나 뜬소문.

2세로 : 근심이나 놀라운 일을 당했을 때도 보통 때와 같이 웃고 이야기함.

3가로 : (충신은) 두 임금을 섬기지 아니함.

4세로 : 복숭아 두 개로 무사 세 명을 죽인다는 뜻으로, 교묘한 책략으로 상대를 자멸하게 하는 것을 비유한 말. 5자

5세로 : 길가에 있는 오얏은 쓰다는 말로, 많은 사람이 무시하는 것은 반드시 그 이유가 있다는 뜻.

6세로 : 기(杞)나라 사람의 군걱정이란 뜻으로, 곧 쓸데없는 걱정.

7세로 : 범을 길러 화근을 남긴다, 곧 화근이 될 것을 길러 후환을 당하게 됨.

8가로 : 곁에 사람이 없는 것처럼 아무 거리낌 없이 함부로 말하고 행동하는 태도.

9가로 : 호계라는 시냇가에서 세 사람이 웃는다는 뜻으로, 이것은 유(儒)·불(佛)·도(道)의 진리가 그 근본에 있어 하나라는 것을 상징한다.

10세로 : 겉으로는 강하게 보이지만, 속은 부드러움.

11세로 : 겉은 화려하나 속은 빈곤함.

12세로 : 속세와의 인연을 아직 끊지 못함.

13세로 : 하나를 듣고 열 가지를 미루어 안다는 뜻으로, 지극히 총명함.

14가로 : 부드러움이 능히 강한 것을 제압함.

15가로 : 가난한 사람이 켜는 소중한 등불 하나. 가진 게 없는 사람이 베푸는 값진 선행.

16가로 : 신라 진평왕 때 승려 원광(圓光)이 화랑에게 일러 준 다섯 가지 계율.

17가로 : 기회를 봐 무조건 도망을 쳐 몸을 안전히 하는 일이 병법의 최상책.

풀이

내우외환
內憂外患 內忧外患 안 內 근심 憂 바깥 外 환난 患

「내부에서 일어나는 근심과 외부로부터 받는 근심」이란 뜻으로, 나라 안팎의 여러 가지 근심 걱정을 이르는 말이다.

《국어(國語)》 진어(晉語)편에 있는 이야기다.

춘추시대 중엽(BC 576년) 송나라는 서문 밖에서 진나라와 초나라를 설득하여 맹약을 체결했다. 서로 불가침규약을 지킴으로써 평화를 도모하고 한쪽이 이를 어길 땐 나머지 두 나라가 연합하여 공격한다는 것이 골자였다. 그런데 이듬해 575년에는 진의 영공과 초의 공왕 사이에 마찰이 생겨 언릉(焉陵)에서 대치했다.

이 전투에서 초나라 공왕이 눈에 화살을 맞고 패주하자 나라의 기세가 크게 꺾이는 비운을 맞이했다. 이러한 일이 있기 전 낙서(樂書)라는 이는 진나라에 항거하는 정나라를 치기 위해 동원령을 내렸다. 초나라와 일전불사를 외치자 범문자가 반대했다.

당시에 진나라 내부에서는 극씨(郤氏) · 낙서(樂書) · 범문자(范文子) 등의 대부들이 정치를 좌우할 만큼 큰

	街	談	巷	說		不	事	二	君
		笑						桃	
	道	自		杞		養		殺	
	傍	若	無	人		虎	溪	三	笑
	苦			之		遺		士	
	李		內	憂	外	患			
			柔		華				
	未		外		內		問		
柔	能	制	剛		貧	者	一	燈	
	免						知		
世	俗	五	戒			三	十	六	計

<해 답>

세력을 가지고 있었다.

범문자는 이렇게 말했다.

「제후로 있는 사람이 반란하면 이것을 토벌하고, 공격을 당하면 이를 구원하여 나라는 이로써 혼란해진다. 따라서 제후는 어려움의 근본이다」

그러나 낙서의 생각은 달랐다

「오직 성인만이 안으로부터의 근심도, 밖으로부터의 재난도 능히 견디지만, 성인이 아닌 우리들에게는 밖으로부터의 재난이 없으면 반드시 안으로부터 일어나는 근심이 있다(唯聖人能外內無患 自非聖人 外寧必有內憂)」

「내우외환」이란, 인간은 항상 근심 속에 산다고 정의하고 있다.

가담항설 街談巷說 　街谈巷说 　거리 街 말씀 談 거리 巷 말씀 說

거리에 떠도는 뜬소문이라는 뜻의 「가담(街談)」과 항간에 떠도는 말이라는 뜻을 지닌 「항설(巷說)」을 반복하여 강조한 성어로 길거리나 일반 민중들 사이에 근거 없이 떠도는 소문을 말한다. 후한의 역사가 반고(班固)의 《한서(漢書)》 예문지(藝文志)에서 소설(小說)에 대한 다음과 같은 설명이 나온다.

「소설은 패관(稗官)으로부터 나왔으며, 가담항설과 도청도설로 만들어졌다(小說者流 蓋出於稗官 街談巷說 道聽塗說之所造也)」

패관이란 옛날 임금이 민간의 풍속이나 정사를 살피기 위해 가설항담을 모아 기록시키던 벼슬아치를 말한다. 패관소설은 임금이 하급관리인

패관에게 가담항설을 모아 기록하게 함으로써 생겨났다. 가담항설이나 도청도설을 모아 만들어진 소설은, 패관들이 소문과 풍설을 주제로 하여 자기 나름의 창의와 윤색을 덧붙여 설화문학(說話文學) 형태로 쓴 패관문학(稗官文學)이다. 여기서 「도청도설(道聽塗說)」이란 《논어》 양화편(陽貨篇)에 나오는 말로 「길에서 듣고 길에서 이야기하는 것은 덕을 버리는 짓이다(道聽而塗說 德之棄也)」에서 비롯되었다.

담소자약 談笑自若

谈笑自若 말씀 談 웃을 笑 스스로 自 같을 若

위험에 처하였음에도 의연하게 대처하는 모습.

《삼국지》 오서(吳書) 감영전(甘寧傳)에 있는 이야기다.

삼국시대 오나라 장수로서 그 유명한 적벽(赤壁) 싸움에서 가장 큰 공을 세운 사람 중의 하나가 감영(甘寧)이다.

감영은 본래 장강(長江)의 해적 출신이다. 후한 말 군웅이 할거할 때 황조(黃祖) 밑에 들어갔다가 손권의 휘하가 되어 적벽대전 때부터 주유의 참모로서 공을 세웠다.

성정이 불같아 불의를 보면 참지 못하였지만, 지략과 용맹이 뛰어났다. 적벽대전에서 수상전(水上戰)에 서툰 조조 군을 기습하여 예봉을 꺾은 것도 감영이었다.

적벽대전에서 대패한 조조는 이후 합비(合肥)에 전선을 열고, 틈만 나면 강동을 넘보려 하였다. 오(吳) 나라에서는 정보(程普)를 중심으로 감영과 여몽(呂蒙) 등에게 군사를 나누어주어 조조 군과 대치하였다.

초기에 감영은 소수의 군사로 환성(皖城)을 공략하여 성공을 거두었으나, 오나라 군사는 소요진 이라는 곳에서 조조 군에게 대패하여, 후퇴한 후 전열을 가다듬고 있었다.

적벽대전

한편 조조는 오나라가 소요진에서의 패배를 설욕하려 한다는 정보를 듣고 스스로 40만의 대군을 이끌고 합비로 나왔다. 조조의 대군이 진격해 온다는 소식을 들은 오나라 군중은 자연히 혼란에 빠졌다. 당시 오나라의 군세는 10만에 불과하였기 때문이다. 그러나 감영은 태연자약하게 「평소와 다름없이 성내에서 담소를 즐길 뿐이었다(談笑自若)」

조마조마하다 못해 부장 하나가 위급한 사정을 호소하자, 감영은 여전히 태연한 얼굴로 말했다.

「당장 성벽이 허물어지는 것도 아닌데 뭐가 그리 야단이냐. 적이 쏘아 날린 화살이나 모두 거두어들이도록 하라!」

이렇게 명령한 감영은 솜씨 좋은 궁수들을 선발하여 성벽에 배치했다. 그리고는 그 화살을 되쏘도록 하되 화살 하나도 허실함이 없이 적을 명중시키도록 엄명을 내렸다.

그 결과는 놀라웠다. 자기들이 쏘아댄 화살이 되날아오는 족족 자기 편 병사를 죽이는 것을 보고 위나라 병사들은 혼비백산하여 언덕에서 도망쳐 내려가고 말았다. 그 후로도 위군은 병력의 우위를 십분 이용해 여러 차례 성을 공격했으나, 감영의 오군은 잘 버텨 내었다. 그럴 즈음 주유의 지원군이 도착했고, 따라서 양면 공격을 당하게 된 위군은 이릉성 탈환을 포기한 채 패주하고 말았다.

「담소자약」이란 말은 이와 같이 대군의 침공에도 전혀 동요하지 않고 침착하게 대응한 감영의 모습이 후세까지 이야기꺼리가 되면서 비롯된 말이다.

불사이군 不事二君

不事二君　아닐 不 섬길 事 두 二 임금 君

「충신불사이군(忠臣不事二君)」으로, 충신은 두 임금을 섬기지 아니함. 한 사람이 두 임금을 섬기지 않음. 《사기》 전단열전(田單列傳).

이도살삼사 二桃殺三士

二桃杀叁士
두 二 복숭아 桃 석 三 죽일 殺 선비 士

복숭아 두 개로 세 명의 장사를 죽였다는 뜻으로, 교묘한 꾀로 상대방을 자멸시킴을 이르는 말. 이 말은 《안자춘추(晏子春秋)》에 있는 말인데, 《동주열국지(東周列國志)》의 이야기를 소개하면 다음과 같다.

안자, 즉 안영(晏嬰)은 제나라 경공(景公)을 도와 한동안 침체했던 제나라를 다시 살기 좋은 강대국으로 끌어올린 명재상이다. 이 이야기는 그의 남다른 지혜를 엿볼 수 있는 유명한 사건이다.

경공의 신변을 호위하고 있는 세 명의 장사가 있었다. 그들은 똑같이 맨주먹으로 범을 쳐서 죽일 수 있는 용사들로 각각 그 나름대로의 공을 세운 사람들이었다. 그러나 그들은 수양이 부족한 탓으로 힘과 공을 자랑하며 법을 무시하고 멋대로 행동하는 버릇이 있었다. 그들 셋으로 인해 조정의 체통이 말이 아니었다. 안영은 경공에게 그들을 쫓아버리라고 권했으나 임금은 말을 듣지 않았다 그들의 용력을 아끼는 생각보다도 후환이 두려웠던 것이다.

안 영

안영은 어느 날, 노나라 임금을 초대한 자리에서 「만수금도(萬壽金桃)」라 불리는 크기가 대접만한 복숭아 여섯 개를 가져와 두 임금과 두 재상들이 각각 하나씩 먹고 두 개를 남긴 다음 경공에게 이렇게 청했다.

「아직 복숭아가 둘이 남았습니다. 임금께서 여러 신하들 중에 가장 공로가 큰 사람을 자진해서 말하게 하여 그 중 공이 큰 사람에게 이 복숭아를 상으로 내리시면 어떻겠습니까?」

그러자 세 사람 중 한 사람인 공손첩(公孫捷)이 앞으로 나와 연회석에서 서서 말하기를, 「사냥 때, 임금께 달려드는 호랑이를 내가 맨손으로 잡았다」 하고는 복숭아를 하나 가졌다. 전개강 역시 「나는 매복을 사용하여 두 번이나 적을 무찔렀다」 하고는 남은 복숭아를 가졌다. 이에 당황한 고야자가, 「임금을 모시고 황하를 건널 때, 임금 수레의 왼쪽 말이 중류로 도망쳤다. 내가 강으로 들어가 백 걸음 동안 흐름을 거스른 다음 흐름을 좇아 90리를 가 말을 죽였다. 그런 다음 왼손으로 말의 엉덩이를 붙잡고 오른손으로 말의 목을 들어 언덕으로 올라왔다」 하고 큰소리로 말했다.

공손첩과 전개강이 이 말을 듣고, 「우리의 공훈은 그대의 발끝에도 미치지 못한다. 그런데도 복숭아를 탐한 것은 우리의 탐욕 때문이다」 하고는 스스로 목을 베었다. 고야자도 「두 사람이 죽었는데 나 혼자 사는 것은 인(仁)이 아니다. 사람이 명성을 자랑하고 있는 것을 듣고 부끄럽게 여기는 것은 의롭지 못하다」 하고 칼을 뽑아 자기의 목을 찔렀다.

그런데 이 사건이 더욱 유명하게 된 것은 제갈량이 이들 세 사람의 무덤이 있는 탕음리(蕩陰里)를 지나다가 읊었다는 양보음(梁甫吟) 때문이라고 볼 수 있다.

「하루아침에 참언을 입어(一朝被讒言) 두 복숭아가 세 장사를 죽였다(二桃殺三士)」

이백 또한 동명의 시를 지어 이 고사를 더욱 유명하게 하였다.

「힘이 남산을 밀어내는 세 장사를(力排南山三壯士) 제나라 재상이 죽이며 두 개의 복숭아를 썼다(齊相殺之費二桃)

道傍苦李 (도방고리)

道傍苦李　　길 道 곁 傍 쓸 苦 오얏 李

길가에 있는 쓴 자두열매라는 뜻으로, 남에게 버림받음을 비유하는 말로서, 많은 사람이 무시하는 것은 반드시 그 이유가 있다는 말.

육조시대 송(宋)나라 유의경(劉義慶)이 지은 《세설신어(世說新語)》에 있는 이야기다.

왕융(王戎)은 동진(東晉) 사람으로, 노장사상에 심취하여 예교(禮敎)를 방패로 권세를 잡으려는 세태에 저항하였다. 평생을 죽림에 묻혀 유유자적하며 청담(淸談)을 즐겨 완적(阮籍), 혜강(嵇康) 등과 함께 죽림칠현으로 불렸다.

왕융이 아직 어렸을 때의 일이다. 동네의 같은 또래 아이들과 어울려

놀고 있는데, 저쪽 길가에 자두 나무 한 그루가 가지가 휘어질 만큼 많은 열매를 매단 채 서 있는 것이 보였다. 그것을 본 아이들은 그 열매를 따려고 앞을 다투어 달려갔다. 그런데 왕융 혼자만은 움직이려 들지 않았다. 그래서 지나가던 사람이 물었다.

「너는 왜 열매를 따러 달려가지 않느냐?」

왕 융

그러자 왕융은 무덤덤하게 대답하였다.

「길가에 있는데, 아직도 저렇게 열매가 많이 매달려 있는 것은 틀림없이 써서 먹지 못할 열매이기 때문입니다」

아이들이 열매를 따 맛을 보니 왕융의 말대로 과연 먹을 수 없는 것이었다. 이 일로 사람들은 왕융의 영민함을 칭찬하면서도 일면 두려워하였다 한다.

杞人之憂 (기인지우) 己人之忧 나라 杞 사람 人 의 之 근심 憂

《열자(列子)》 천서편(天瑞篇)에 나오는 말로 「기나라에 한 사람이 있었는데, 그는 하늘이 무너지고 땅이 꺼지면 몸둘 곳이 없음을 걱정한 나머지 침식을 전폐하였다(杞國有人 憂天地崩墜 身亡無所倚 廢寢食者)」고 한 데서 유래한 말로서, 장래의 일에 대한 쓸데없는 군걱정을 이르는 말

열 자

이다.

기(杞)나라(周代에 하남성 개봉 근처에 있던 나라)에 한 사람이 있었다. 그는 하늘이 무너지고 땅이 꺼지면 몸 붙일 곳이 없을 걱정을 한 나머지 침식을 폐하고 말았다. 그런데 또 그의 그 같은 쓸데없는 걱정을 하는 것을 걱정하는 사람이 있었다. 그가 침식을 폐하고 누워 있는 사람을 찾아가 이렇게 말했다.

「하늘은 기운이 쌓여 된 것으로 기운이 없는 곳은 한 곳도 없다. 우리가 몸을 움츠렸다 폈다 하는 것도, 숨을 내쉬고 들이쉬고 하는 것도 다 기운 속에서 하고 있다. 그런데 무슨 무너질 일이 있겠는가?」

그러자 그 사람은 또, 「하늘이 과연 기운으로 된 것이라면 하늘에 떠 있는 해와 달과 별들이 떨어질 수 있지 않겠는가?」 하고 물었다.

「해와 달과 별들 역시 기운이 쌓인 것으로 빛을 가지고 있는 것뿐이다. 설사 떨어진다 해도 그것이 사람을 상하게 하지는 못한다」

「그건 그렇다 치고 땅이 꺼지면 어떻게 할 것인가?」

「땅은 쌓이고 쌓인 덩어리로 되어 있다. 사방에 꽉 차 있어서 덩어리로 되어 있지 않은 곳이 없다. 사람이 걸어 다니고 뛰놀고 하는 것도 종일 땅 위에서 하고 있다. 그런데 어떻게 꺼질 수 있겠는가?」

이 말에 침식을 폐하고 누워 있던 사람은 꿈에서 깨어난 듯 기뻐 어쩔 줄을 몰랐다. 그의 그 같은 모습을 보고 깨우쳐 주러 간 사람도 따라서 크게 기뻐했다는 것이다. 이 이야기 다음에, 열자는 다시 장려자(長廬子)의 말을 덧붙이고 있다. 이들 두 사람의 주고받은 이야기를 전해들은 장려자는 이렇게 말했다.

「하늘이 무너지고 땅이 꺼지지 않을까 우려하는 것은 지나친 걱정이라고 할 수 있다. 그러나 무너지지 않는다고 단언하는 것 또한 옳지 못하다. 파괴되느니 안 되느니 하는 것은 우리들로서는 알 수 없는 곳에 있는 것이다. 허나 파괴된다고 하는 자에게도 하나의 도리가 있고 파괴되지 않는다고 말하는 자에게도 하나의 도리는 있다. 그러므로 생(生)은 사(死)를 모르고 사(死)는 생(生)을 모른다. 장래는 과거를 모르고, 과거는 장래를 모른다. 천지가 파괴되느니 안 되느니 하는 것을 우리가 어떻게 마음에 넣어 고려하겠는가」

끝으로 열자는 이렇게 결론을 맺고 있다.

「하늘과 땅이 무너지든 무너지지 않든, 그런 것에 마음이 끌리지 않는 무심(無心)의 경지가 중요한 것이다」

양호유환
養虎遺患 养虎遗患 기를 養 범 虎 끼칠 遺 근심 患

「호랑이를 길러서 근심을 키운다」는 뜻으로, 제게서 도움을 받은 자가 후에 도리어 자기를 해롭게 하고 손해를 끼친다는 말이다. 《사기》 유후세가에 있는 이야기다.

진(秦)나라 말기에 유방과 항우가 각기 대군을 거느리고 진나라를 공격

항 우

할 때 유방이 먼저 진나라의 수도 함양을 공략했다. 항우는 이에 불복하여 유방을 공격하려 했다. 그 때 유방은 당시 자기의 병력이 적어서 항우의 큰 세력을 당해낼 수가 없자 감히 응전도 못하고 한중(漢中) 일대 지방으로 물러났다.

뒷날 유방의 세력이 점차 강대해지고 항우는 날로 고립상태로 빠져 아무런 협력을 못 받게 되었다. 유방은 사신을 보내 홍구(鴻構)를 경계로 하여 화약(和約)을 맺자고 항우에게 제의했다.

항우는 현재의 자기 힘으로는 유방을 격퇴시킬 수가 없음을 잘 알고는 하는 수 없이 유방의 제의를 받아들였다. 그리하여 토지를 분할하여 홍구의 서쪽 지구를 유방이, 동쪽 지구를 항우가 각각 차지하여 서로 불가침 조약을 맺었다.

담판이 성공된 뒤 항우는 병력을 이끌고 동쪽으로 갔고, 유방도 만족한 마음으로 서쪽으로 철수하려 했다. 그러나 장량(張良)과 진평(陳平) 등이 유방에게 말했다.

「현재 유공께서 이미 천하 영토의 3분의 2를 차지하고 있고, 제후들도 모두 유공을 따르고 있습니다. 항우의 군대는 지칠 대로 지치고 군량마저 떨어져 지금 가장 그 세력이 쇠약할 때입니다. 만일 이 기회에 그를 괴멸시키지 않으면 정말로 호랑이를 길러 그에게 도리어 해를 입는 격이 될 것입니다(養虎遺患)」

유방은 그들의 의견을 받아들여 약속을 어기고 군대를 몰아 항우를 추격했고, 한신·팽월로 하여금 군대를 거느리고 협공을 하게 하니 항우는 대패하여 결국 오강(烏江)에서 자결하고 말았다.

방약무인 傍若無人

傍若无人 곁 傍 같을 若 없을 無 사람 人

남의 입장을 생각지 않고 거리낌 없이 함부로 행동함.

《사기》 자객열전(刺客列傳)에 있는 이야기다.

전국시대도 거의 진(秦)의 통일로 돌아가 시황제의 권위가 군성(群星)을 눌렀을 때의 일이다. 위(衛)나라에 형가(荊軻)라는 자가 있었다. 선조는 제(齊)나라 사람이었으나 그는 위(衛)로 옮겨 살며 거기서 경경(慶卿)이라 불리었다.

형 가

책을 읽는 것과 칼을 쓰는 것을 즐겨했다. 국사에도 마음을 쓰고 있었으므로 위의 원군(元君)에게 정치에 대한 의견을 말했으나 채택되지 않았고, 그 후로는 제국을 표박(漂迫)하며 돌아다닌 듯하다. 사람 됨됨이가 침착하여 각지에서 현인, 호걸과 사귀었다.

그는 연(燕)나라로 갔다. 거기서 사귄 것이 전광(田光)과 축(筑)의 명수

역수(易水) 가의 형가탑

인 고점리(高漸離)였다. 축은 거문고와 비슷한 악기로서 대나무로 만든 현을 퉁겨서 소리를 낸다. 이 두 사람과 형가는 날마다 큰 길거리로 나가 술을 마셨다. 취기가 돌면 고점리는 축을 퉁기고 형가는 거기에 맞추어 노래하며 함께 즐겼다. 감상이 극에 달하면 함께 울기도 했다. 마치 곁에 아무도 없는 것 같았다(傍若無人).

「방약무인」이란 말은 《사기》 자객열전에 나오는 것이 처음이다. 곁에 아무도 없는 것같이 남의 눈도 생각하지 않고 제멋대로 행동하는 것이다. 그 때의 사람들은 대개가 형가의 이 행동을 그렇게 생각하고 있었겠지만, 「방약무인」 하면 제 고집만을 주장하는 무례함을 가리키는 수가 많다. 열심히 골몰해서 「방약무인」 한 것과 그저 품성에 따라 그런 것과 사람에 따라 각각 다르다.

형가는 나중에 연나라 태자 단(丹)의 부탁을 받고 진왕(秦王)을 쓰러뜨리기 위해 죽음을 다짐한 길을 떠난다. 배웅하는 사람들 틈에 고점리도 있었는데, 그들은 마침내 역수(易水) 가에서 작별하게 되었다. 이때 고점리는 축을 퉁기고 형가는 화답해서 저 「바람은 쓸쓸하고 역수는 찬데, 장사 한 번 가면 다시 돌아오지 않는다(風蕭蕭兮易水寒 壯士一去不還)」 라는 구절은 유명하다.

이 두 사람, 형가는 끝내 성사시키지 못한 채 죽고, 고점리는 뒤에 장님이 되면서도 친구의 원수를 갚으려고 진왕을 노리다가 역시 실패하여 형가의 뒤를 따라가게 된다.

虎溪三笑 (호계삼소) 虎溪叁笑 범 虎 시내 溪 석 三 웃을 笑

호계(虎溪)라는 시냇가에서 세 사람이 웃는다는 뜻이다. 이것은 유(儒)·불(佛)·도(道)의 진리가 그 근본에 있어 하나라는 것을 상징한 이야기였는데, 이 「호계삼소」를 그린 그림을 「호계삼소도」라 하여 많은 화가들에 의해 그려지곤 했다.

송나라 진성유(陳聖兪)가 지은 《여산기(廬山記)》에 있는 이야기다.

동진의 고승 혜원(慧遠)은 중국 정토교(淨土敎)의 개조(開祖)로 알려져 있는데, 그를 북주의 「혜원」과 구별하기 위해 보통 「여산(廬山)의 혜원」이라 부르고 있다.

그는 처음에는 유학을 배웠고, 이어 도교(道敎)에 심취했었는데, 스무 살이 지난 뒤에 중이 되어 여산에 동림정사(東林精舍)를 지어 불경 번역에 종사하는 한편 원흥 원년에는 이 정사에 동지들을 모아 백련사를 차렸다.

혜원이 있던 이 「동림정사」 밑에는 「호계」라 불리는 시내가 흐르고 있었다. 혜원은 찾아온 손을 보낼 때는 이 호계까지 와서 작별하도록 정해져 있어 절대로 내를 건너는 일이 없었다.

그런데 어느 때인가 유학자요 시인인 도연명과 도사인 육수정(陸修靜)을 보내며 서로 이야기를 나누는 가운데 무심코 이 호계를 지나고 말았다. 문득 생각이 나 이 사실을 안 세 사람은 마주보며 껄껄 웃음을 터뜨렸다.

이 이야기를 놓고 송나라 화가 석각(石恪)이 그린 것이 바로 「호계삼소도」였는데 뒤에 많은 화가들이 이 그림을 그렸다.

호계삼소도(虎溪三笑圖, 宋 화가 석각)

그러나 실상 이 이야기는 후세 사람이 만들어낸 이야기라고 한다. 그 이유로는 육수정이 「예산」으로 들어간 것은 혜원이 죽은 30여 년 뒤였고, 도연명도 이미 20여 년 전에 세상을 떴기 때문에 만날 수가 없었다는 것이다.

세상에는 사실과 다른 이야기들이 글하는 사람들의 손에 의해 사실인 것처럼 전해지고 있는 일이 수없이 많다. 그러나 이 「호계삼소」는 학파니 종파니 하고 세력다툼을 하는 엉터리 열성인들에게 좋은 교훈이 될 것 같다.

내유외강 內柔外剛

內柔外剛　안 內 부드러울 柔 바깥 外 굳셀 剛

겉으로는 강하게 보이지만, 속은 부드럽다는 말. 외강내유로 바꾸어 쓰기도 한다. 그러나 원말은 외유내강(外柔內剛)으로, 겉으로는 순하고 부드럽게 보이지만, 마음속은 단단하고 굳세다는 뜻이다.

역시 내강외유로 바꾸어 쓸 수 있다. 내유외강은 안은 부드럽고 겉은 굳센 데 비해, 외유내강은 겉이 부드럽고 안이 굳세다는 점에서 언뜻 정반대의 뜻을 가진 것처럼 보인다. 그러나 내유외강이나 외유내강 모두 안팎이

어우러져 부드러움과 강직함을 두루 갖춘 사람을 비유할 때 쓴다.

내유외강은, 겉이 듬직하고 위엄이 있어 가까이하기 어려운 사람으로 보였는데, 알고 보니 속내는 참으로 부드럽고 다정다감해 겉모습과 전혀 다를 때 많이 쓴다. 한마디로 부드러움과 굳셈을 겸비한 사람을 가리킨다.

반면 외유내강은 겉으로는 부드럽고 다정해 속도 곰살궂으려니 생각했던 사람이 알고 보니 겉과는 전혀 다르게 듬직하고 위엄이 있어 옹골질 때 흔히 쓴다. 역시 부드러움과 굳셈을 겸비한 사람을 뜻한다. 《역경》

외화내빈
外華內賓 外华内贫 밖 外 화려할 華 안 內 가난 貧

겉은 화려해 보이나 속은 가난함.

겉은 화려하나 속은 텅 비어 있음. 실제로는 아무것도 없으면서 겉모습만 요란한 모양을 가리킴.

미능면속
未能免俗 未能免俗 아닐 未 능할 能 면할 免 풍속 俗

아직도 속된 습관을 버리지 못하였다는 뜻으로, 한번 물든 속물근성(俗物根性)은 버리기 어렵다는 말. 《세설신어》 임탄(任誕)편에 있는 이야기다. 「임탄편」은 세속에 구애되지 않고 자기 소신대로 살아간 사람들의 이야기를 모아놓은 이야기집이다.

위진남북조(魏晉南北朝)시대 때, 진나라 사람 완함(阮咸)은 숙부인 완적(阮籍)과 더불어 죽림칠현(竹林七賢)의 한 사람이다. 완함과 완적은 남

완 적

쪽에 이웃하여 살았고, 다른 완씨 일가는 북쪽에 이웃하여 살았다.

사람들은 완함과 완적이 남쪽에 산다 하여 남완(南阮)이라 부르고, 북쪽의 완씨 일가는 북완(北阮)이라 불렀다. 권력과 부를 비웃으며 전원에 묻혀 살던 완함과 완적은 가난하였고 북완은 부유하였다.

당시에는 7월 7일이 되면 겨울옷을 꺼내 햇볕에 말리는 풍습이 있었다. 북완은 당연히 화려한 옷을 내다 말렸는데, 그 모습이 마치 서로 잘 사는 티를 내려고 경쟁하는 것 같아 보였다.

가난한 남완은 내다 말릴 만한 변변한 옷이 없었다. 어느 해 7월 7일이 되자 북완은 경쟁하듯 화려한 옷을 내다 말렸다. 항상 북완을 경멸해 오던 완함은 장대 위에 굵은 베로 짠 초라한 짧은 바지를 걸어놓고 햇볕에 말렸다. 이를 이상하게 여긴 사람이 그 까닭을 묻자, 완함은 웃으며 말했다.

「속된 습속을 버리지 못하여 이렇게라도 하는 것이라오(未能免俗 聊復爾耳)」

聞一知十 (문일지십)

闻一知十 　　 들을 聞 한 一 알 知 열 十

하나를 듣고 열을 미루어 앎. 곧 지극히 총명함을 이르는 말.

《논어》 공야장편(公冶長篇)에 있는 말이다.

공자가 자공(子貢)을 불러 물었다.

「너와 안회(顔回) 둘 가운데 누가 낫다고 생각하느냐?」

공자의 제자가 3천 명이나 되었고, 후세에 이름을 남긴 제자가 72명이나 되지만, 당시 재주로는 자공을 첫손에 꼽고 있었다. 실상 안회는 자공보다 월등 나은 편이었지만, 그는 공자가 말했듯이 통 아는 기색을 하지 않는 바보 같은 사람이기도 했다. 공자는 안회와 자공을 다 같이 사랑했지만, 안회를 나무란 일은 한 번도 없었다. 항상 꾸중을 듣는 자공이 실상 속으로는 안회를 시기하고 있었을 것으로 보는 사람들도 있다. 그래서 공자는 스스로 재주를 자부하고 있는 자공이 안회를 어떻게 보고 있는가가 궁금하기도 했다. 자공은 서슴지 않고 이렇게 대답했다.

안 회

「사(賜 : 자공의 이름)가 어찌 감히 회(안회)를 바랄 수 있습니까. 회는 하나를 들으면 열을 알고, 사는 하나를 들으면 둘을 알 뿐입니다(賜也何敢望回 回也聞一以知十 賜也聞一以知二)」

하나를 들으면 열을 안다는 것은, 한 부분만 들으면 전체를 다 안다는 뜻으로 후세 사람들은 풀이하고 있다. 하나를 들으면 둘을 안다는 것은 반쯤 들으면 결론을 얻게 되는 그런 정도라고나 할까. 공자는 자공의 대답에 만족했다. 역시 자공은 알고 있구나 하는 생각이 들었다. 그래서 「네가 안회만은 못하다. 나도 네 말을 시인한다」 고 말했다.

柔能制剛 (유능제강)

柔能制强　부드러울 柔 능할 能 억제할 制 굳셀 剛

부드러운 것이 능히 강한 것을 이긴다는 말이다. 이 말은 《황석공소서(黃石公素書)》라는 병서에 나오는, 「부드러운 것이 능히 단단한 것을 이기고, 약한 것이 능히 강한 것을 이긴다(柔能制强 弱能勝强)」고 한 데서 나온 말이다.

이 두 말을 합친 말로 《노자》 36장에는 이미, 「부드럽고 약한 것이 능히 단단하고 억센 것을 이긴다(柔弱勝剛强)」고 나와 있다.

부드러운 것이 강한 것을 이긴다는 말은 얼핏 생각하면 맞지 않는 말 같지만, 큰 안목과 먼 안목으로 볼 때 강한 것은 역시 부드러운 것에 의해서만 제압될 수 있는 것이다. 사나이의 거친 성질을 꺾을 수 있는 것은 여자의 부드러운 사랑뿐이다. 우는 어린아이를 달래는 방법은 무서운 호랑이보다도 달콤한 곶감이라고 하지 않는가.

인간의 억센 감정을 억센 것으로 누른다는 것은 일시적이요 표면적인 것일 뿐 영구적이고 근본적인 것은 못된다. 손으로 비비면 깨지고 마는 한 알의 씨앗이 무거운 바위와 단단한 땅을 뚫고 싹을 내밀지 않는가. 정치도 마찬가지다. 무서운 법으로 탄압한다고 사람들이 순종하는 것은 아니다. 강철은 강한 줄로는 갈리지 않지만, 무른 숫돌에는 갈아진다.

가위는 한쪽 쇠가 물러야만 잘 드는 법이다. 무른 것을 끊을 수 있는 것은 강한 것이지만, 강한 것의 강포함을 막는 것 역시 무른 것이다.

정쟁(政爭)에 외교가 필요한 것도, 매수니 미인계니 하는 것도 다 「유능제강」의 원리에서 나온 행동의 일면이라고 볼 수 있다.

貧者一燈 (빈자일등)

貧者一灯　　가난할 貧 사람 者 한 一 등불 燈

물질의 많고 적음보다 정성이 소중함을 일컬음. 《현우경(賢愚經)》 빈녀난타품(貧女難陀品)에 있는 이야기다.

석가세존께서 사위국(舍衛國)의 어느 정사(精舍)에 계실 때의 일이다. 사위국에 난타(難陀)라는 한 가난한 여인이 있었는데, 몸을 의지할 곳이 없이 얻어먹으며 다녔다. 그녀는 국왕을 비롯해 많은 사람들이 각각 신분에 맞는 공양을 석가와 그 제자들에게 하고 있는 것을 보자, 스스로 한탄하며 이렇게 말했다.

「나는 전생에 범한 죄 때문에 가난하고 천한 몸으로 태어나, 모처럼 고마우신 스님을 뵙게 되었는데도 아무 공양도 할 수가 없다」

이렇게 슬퍼한 나머지, 온종일 거리를 돌아다니며 구걸한 끝에 겨우 돈 한 푼을 얻게 되었다.

빈녀 난타

그녀는 그 돈 한 푼을 가지고 기름집으로 갔다. 기름을 사서 등불을 만들려는 것이었다. 그러나 기름집 주인은, 「아니 겨우 한 푼어치 기름을 사다가 어디에 쓰려는 것인지 모르지만……」 하고 기름을 주려고 하지 않았다.

난타는 마음속에 있는 말을 다 이야기했다. 그러자 기름집 주인은 딱한

빈자일등

생각에 돈 한 푼을 받고 몇 배나 되는 기름을 주었다. 난타는 기뻐 어쩔 줄을 모르며 등을 하나 만들어 석가가 계신 정사로 달려갔다. 이를 석가에게 바치고 불을 밝혀 불단 앞에 있는 무수한 등불 속에 놓아두었다. 그런데 이상하게도 난타가 바친 등불만이 새벽까지 홀로 밝게 타고 있었다. 손을 저어 바람을 보내도, 옷을 흔들어 바람을 보내도 꺼지지를 않았다. 뒤에 석가가 난타의 정성을 알고 그녀를 비구니(比丘尼)로 받아들였다는 것이다.

세속오계 世俗五戒 世俗五戒 세상 世 풍속 俗 다섯 五 삼갈 戒

신라 진평왕 때 승려 원광(圓光)이 화랑에게 일러 준 다섯 가지 계율.

원광이 수(隋)나라에서 구법(求法)하고 귀국한 후, 화랑 귀산(貴山)과 추항(箒項)이 찾아가 일생을 두고 경계할 금언을 청하자, 원광이 이 오계를 주었다고 한다. 즉,

사군이충(事君以忠 : 충성으로써 임금을 섬긴다)

사친이효(事親以孝 : 효도로써 어버이를 섬긴다)

교우이신(交友以信 : 믿음으로써 벗을 사귄다)

임전무퇴(臨戰無退 : 싸움에 임해서는 물러남이 없다)

살생유택(殺生有擇 : 산 것을 죽임에는 가림이 있다)
이다. 이는 뒤에 화랑도의 신조가 되어 화랑도가 크게 발전하고 삼국통일의 기초를 이룩하게 하는 데 크게 기여하였다.

삼 십 육 계
三十六計　叁十六计　석 三 열 十 여섯 六 책 計

「삼십육계」는 「삼십육계 주위상책(三十六計 走爲上策)」에서 나온 말이다. 36가지나 되는 많은 꾀 가운데서 도망치는 것이 제일 좋은 꾀가 된다는 말이다.

단도제

남북조시대에 남조인 송(宋)나라 명장 단도제(檀道濟)가 북위(北魏)와 싸울 때, 자신 없는 접전을 회피하여 툭하면 달아나곤 했기 때문에, 당시 사람들이, 「단공의 서른여섯 가지 꾀 중에서는 달아나는 것이 최상의 것이 된다(檀公三十六計 走爲上策)」고 한 데서 나온 말이라 한다. 송(宋)나라 사마광의 《자치통감(資治通鑑)》 제 141권에 있는 이야기다.

송나라의 뒤를 이어 남조의 제(齊)나라를 세운 고조(高祖) 소도성(蕭道成)은 자손들에게, 자기 손에 비참하게 망해 간 송나라의 전철을 밟지 말도록 유언을 하고 죽었지만, 제나라 역시 겨우 30년으로 망하고 만다. 고조의 조카인 명제(明帝) 소란(蕭鸞)은 갖은 음모와 포학으로 황제의 위를

강탈한 다음 반란과 보복이 두려워 자기를 반대해 온 형제와 조카들을 두 달 동안 14명이나 죽였다.

그런 피바다 위에 용상을 차지한 소란은 황제가 된 지 3년 남짓해서 우연히 병을 얻어 자리에 눕게 되었다. 병상에 있는 그는 아직 살아 있는 고조 소도성의 혈통을 받은 10명의 왕족들이 마음에 걸렸다. 그래서 그는 후환을 없애기 위해 심복을 시켜 그들을 한꺼번에 죽여 없앴다.

소도성

이때 고조 소도성의 건국 공신인 왕경칙(王敬則)이, 자기를 제거하기 위해 장괴(張瓌)를 평동장군에 임명하여 자기가 태수로 있는 회계(會稽)와 경계를 맞대고 있는 오군(吳郡)으로 파견한 것을 알자 즉시 반기를 들고 일어섰다. 겨우 만여 명밖에 안 되는 군사였지만, 행군 도중 몽둥이와 괭이를 든 농민들이 가담해서 얼마 안 가서 10만으로 불어났다. 회계를 출발한 반란군은 10여 일 사이에 벌써 무진(武進)을 넘어 흥성(興盛)에 육박했다. 수도 건강(建康 : 남경)까지의 3분의 2를 지난 것이다.

왕경칙의 반란군 소식을 들은 조정은 큰 공포에 휩싸여 있었다. 태자 보권(寶卷)은 정신을 못 차리고 측근을 누대 위로 올려 보내 동정을 살피게 하는 형편이었다. 때마침 도성 북쪽에 있는 정로정(征虜亭)이 화재로 연기를 뿜고 있자 구경차 갔던 사람이 달려와서 황급히, 「왕경칙이 벌써 정로정까지 쳐들어왔습니다」 하고 보고를 했다.

보권은 어디로 달아나야 할지를 몰라 허둥대는 추태를 벌였다. 이 소문을 전해들은 왕경칙은 만족한 듯이 웃으며, 「단공의 서른여섯 가지 꾀 중에는 달아나는 것이 상책이 된다고 했다. 짐작에 너희 부자도 다만 달아나는 길만이 있을 뿐이리라」 라고 말했다는 것이다.

그러나 왕경칙은 흥성을 포위했을 때 관군으로부터 기습을 받는 순간, 무기다운 무기를 갖지 못한 농민군이 혼란에 빠짐으로써 패해 죽고 말았다. 우리말에 「삼십육계 줄행랑」이란 말도 이 「삼십육계 주위상책」에서 생겨난 말이다. 줄행랑은 주행(走行)의 음이 변한 것이다. 뺑소니를 친다는 말.

고사성어 · 사자성어 색인

고사성어 · 사자성어

크로스워드 퍼즐 ❶

★

초판 인쇄일 / 2016년 1월 20일

초판 발행일 / 2016년 1월 25일

★

엮은이 / 팬더 컬렉션

펴낸이 / 김동구

펴낸데 / 明文堂

창립 1923. 10. 1

서울특별시 종로구 안국동 17-8

우체국 010579-01-000682

☎ (영업) 733-3039, 734-4798

(편집) 733-4748 FAX. 734-9209

H.P. : www.myungmundang.net

e-mail : mmdbook1@hanmail.net

등록 1977. 11. 19. 제 1-148호

★

ISBN 979-11-85704-55-5 04910

ISBN 979-11-85704-50-0 04910 set

★

낙장이나 파본은 구입하신 서점에서 교환해 드립니다.

★

값 12,000원